I0839813

Klaus Eberl

Wassenberg - Pskow

Mit dem Fahrrad nach Russland

Klaus Eberl:
Wassenberg - Pskow
Mit dem Fahrrad nach Russland

Erstdruck 2004 im Eigenverlag

Herstellung und Verlag: BoD – Books on Demand, Norderstedt
ISBN: 9783744818308

INHALTSVERZEICHNIS

Vorwort 7

Das Wunder von Pskow
Die Geschichte des Heilpädagogischen Zentrums 11

Von Wassenberg nach Pskow
Ein Reisetagebuch 17

Menschenbild und Integration
Ein Vortrag 57

Barbara Kramer:
Ein Brief als Nachwort 69

VORWORT

Wann begann unsere Reise? Im Sommer 2004 oder schon viel früher? Vielleicht 1941, als mein Vater, noch ein Jugendlicher, in den Krieg Richtung Osten ziehen musste. Oder 1974, als ich im Zivildienst erstmals mit schwerstbehinderten Kindern arbeitete und die Herausforderungen christlichen Glaubens solche Faszination ausübten, dass ich Theologie studierte. Oder 1991? Fünfzig Jahre nach dem Krieg kam ich mit einer Delegation der Evangelischen Kirche im Rheinland um Präses Peter Beier in die russische Stadt Pskow. Die Versöhnungsreise wurde ein Besuch mit unvorhersehbaren Folgen. Es entstand das Heilpädagogische Zentrum, das die soziale Komponente in der Stadt gestärkt und wesentliche Impulse für die Arbeit mit behinderten Menschen in ganz Russland gegeben hat.

Mag sein, dass es eine verrückte Idee war, 2004 mit dem Fahrrad von Wassenberg nach Pskow zu fahren, ca. 2.700 km Richtung Osten, aber es war auch eine wunderbare Erfahrung: die neuen Grenzen Europas auszuloten, Menschen zu begegnen, sich empfindlich für ihre Fragen und Hoffnungen zu machen.

Im Vordergrund der Aktion stand das Heilpädagogische Zentrum in Pskow; Rückenwind für Menschen mit Behinderungen in Russland. Darüber hinaus sollte der Frage nachgegangen werden: Was macht das „neue Europa" aus? Wie sieht es hinter der Ostgrenze der EU aus? Steht der Wind den Menschen entgegen oder bringt er alle gemeinsam voran?

Die Gruppe war bunt gemischt: Die Presbyter Erwin Ruchatz und Rüdiger Sprick, Gabi Sprick, Werner Brümmer aus dem Landeskirchenamt, Andrej Zarjow, der russische Direktor des Heilpädagogischen Zentrums, Konstantin Popow, Orthodoxer Kantor in Pskow, Horst Leonhardt, der sich um den Gepäcktransport kümmerte, und ich selbst, Klaus Eberl, Pfarrer in Wassenberg und Jülicher Superintendent. Von Goslar bis Berlin begleiteten Jugendliche aus der Gemeinde unter Leitung von Pfarrer Thomas Bergfeld und der Sozialpädagogin Barbara Kramer die Russlandfahrer.

Die Reise begann am 17. Juli 2004 mit einem Aussendungsgottesdienst in Wassenberg. Von West nach Ost führte der Weg durch das Ruhrgebiet, den Harz nach Berlin. Im Berliner Dom fand ein Themengottesdienst am 25.Juli statt. Bei Frankfurt/O. wurde die polnische Grenze erreicht und das Land Richtung Masuren durchquert. Die baltischen Staaten Litauen, Lettland und Estland wurden in nördlicher Richtung erfahren, um schließlich am 25.7. im russischen Pskow anzukommen.

Klaus Eberl, Reformationstag 2004

Der Erlös dieses Buches ist für die Arbeit des „Heilpädagogischen Zentrums“ in Pskow/Russland bestimmt.

Anfragen zum Projekt:

Ev. Kirchengemeinde Wassenberg, An der Kreuzkirche 2, D-41849 Wassenberg, Tel. 02432-2142 oder

per Email: klaus.eberl@ekir.de

Informationen im Internet:

www.ekir.de/pskow

Spendenkonto:

Ev. Verwaltungsamt Jülich

IBAN: DE75 3506 0190 1010 1870 16
BIC: GENODED1DKD

Kennwort: Pskow

DAS HEILPÄDAGOGISCHE ZENTRUM PSKOW

EINE INSEL DER HOFFNUNG*

Julia tanzt vor dem Heilpädagogischen Zentrum in Pskow nach rhythmischer Musik. Mit seiner Logopädin trainiert Sascha die Aussprache alltäglicher Worte. Katja lernt, beim Mittagessen ohne Hilfe einen Löffel zu benutzen. Lena badet im Therapiebecken der Krankengymnastik. In der Werkstatt erprobt Alexej einfachste Handgriffe. Alltagsszenen aus dem ersten heilpädagogischen Zentrum für schwer geistig und körperlich behinderte Menschen in Russland.

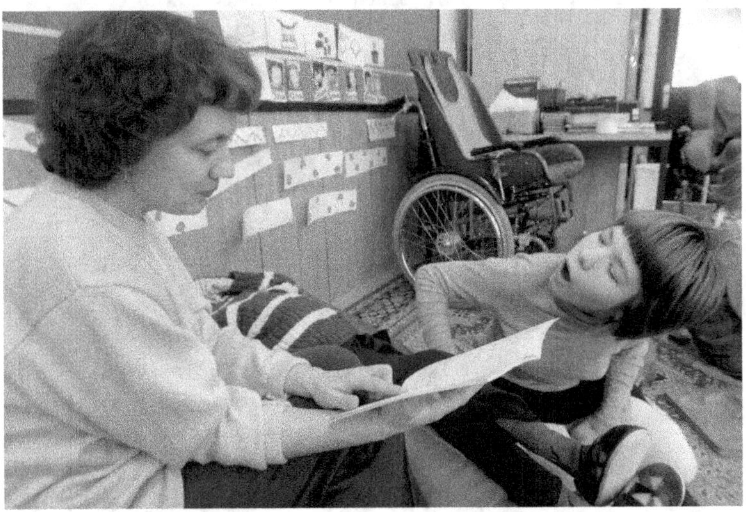

Das Projekt begann mit einer Versöhnungsreise. 1991 besuchte eine Gruppe evangelischer Christen aus dem Rheinland die Stadt Pskow, um des Überfalls der deutschen Wehrmacht auf die damalige Sowjetunion im Juni 1941 zu gedenken. Präses Peter Beier leitete die Delegation, die neue Brücken zwischen Russen und Deutschen bauen sollte. Im Rahmen der Gedenkfeiern traf ich bei dem russisch-

* Informations-Flyer 2003

orthodoxen Priester Pawel Adelheim eine Elterngruppe mit behinderten Kindern, die in einer hoffnungslosen Situation lebten. Über Jahrzehnte hinweg galten Menschen mit Behinderungen als Störfall im sozialistischen System, wurden weggeschlossen oder als nicht förderfähig eingestuft. Therapie und Betreuung, Familienentlastung und schulische Konzepte waren für schwerstbehinderte Kinder unbekannt.

Mit den Eltern entstand die Idee, eine Schule zu schaffen und dadurch einen Beitrag zur Integration zu leisten. Das Wort Versöhnung gewann dadurch konkrete Züge.

Als 1993 das Heilpädagogische Zentrum eröffnet wurde, konnte es auf ein tragfähiges Netzwerk verlässlicher Partner zurückgreifen. Die Stadtverwaltung Pskow stellte ein Grundstück an der Welikaja zur Verfügung, das Land Nordrhein-Westfalen bezuschusste den Bau des Schulgebäudes, die Rurtalschule für Geistigbehinderte in Heinsberg-Oberbruch sorgte für die pädagogischen Impulse sowie die Ausbildung der Lehrerinnen und Lehrer. Ihr ist der hohe fachliche Standard der Einrichtung zu verdanken. Die evangelische Kirchengemeinde Wassenberg wurde Trägerin der Einrichtung und band viele engagierte Ehrenamtliche in das Projekt ein. Schließlich wurde ein großartiges Mitarbeiterteam eingestellt, das sich auf das Abenteuer einließ, pädagogisches Neuland zu betreten.

Mittlerweile ist das HPZ 10 Jahre alt. Es werden fast 50 schwerstbehinderte Kinder und Jugendliche im Alter von 6 bis 18 Jahren betreut. Sie erfahren Freude, Gemeinschaft und Wertschätzung. In drei Schulklassen und einer Werkstufe lernen sie unermüdlich nach ihren jeweiligen Fähigkeiten und Bedürfnissen, lernen vor allem, sich selbst zu versorgen und sich im Alltag zu orientieren.

Das Zentrum ist ein fröhlicher Ort. Es wird gesungen, gespielt und gefeiert. Die Mitarbeitenden sind mit Leidenschaft und Können bei der Sache. Aus ganz Russland kommen Fachleute, um sich über die Arbeit zu informieren. Es wurde ein Curriculum erarbeitet, das die pädagogische und therapeutische Arbeit reflektiert. Damit ist auch der theoretische Rahmen geschaffen, mit dem man Abschied von der sog. Defektologie nimmt. Integration ist das Ziel. Die Kinder kaufen auf dem Markt ein, besuchen Schwimmbäder und Sommercamps, lernen mit dem Rollstuhl zu fahren oder üben einfach alltägliche Situationen: essen, sich anziehen, sich waschen. Parallel dazu entwickelt die Elternvertretung ein neues Selbstbewusstsein und macht im Zeit-

raffer eine Entwicklung durch, die in Deutschland Jahrzehnte gedauert hat.

Bis heute bringt die Wassenberger Kirchengemeinde zur Finanzierung des HPZ jährlich zwischen 150.000 und 200.000 € an Spenden und Kollekten auf. Das Geld wird benötigt für Gehälter, Mahlzeiten, Material, Busse, Instandhaltung des Gebäudes u.s.w. Das ist nur durch die Mithilfe vieler anderer Gemeinden, Privatpersonen und Sponsoren sowie der Evangelischen Kirche im Rheinland möglich.

Fast vierzig fabelhafte Mitarbeitende vom Direktor über Lehrerinnen und Therapeuten, Köchinnen und Reinigungskräfte bis zum Hausmeister und Busfahrer stehen auf der Wassenberger Gehaltsliste. Andrej Zarjow, selbst Vater einer schwerstbehinderten Tochter, leitet die Einrichtung. Vorher war er Englisch-Lehrer, hat sich aber seit Gründung des Zentrums ganz der Arbeit mit behinderten Menschen gewidmet. Fortbildungen in Europa und USA haben den ruhelosen Kopf der Einrichtung gemeinsam mit seiner Stellvertreterin Swetlana Andrejewa zu hochkompetenen

Experten gemacht. Ziel ist eine Neuorientierung der Arbeit mit schwerstbehinderten Menschen in Russland, die christlichen Grundlagen verpflichtet ist: bedingungslose Wertschätzung, die nicht von „Defekten“ ausgeht, sondern von der jedem Menschen geschenkten Würde.

Niemand konnte ahnen, dass der Besuch rheinischer Christen am Gedenktag des Krieges zum Auftakt für eine Hoffnungsgeschichte wurde. In Pskow ist ein kleines Wunder geschehen, das Menschen in Wassenberg und Pskow verändert hat. Sie sind Partner geworden, die an einer gemeinsamen Zukunft bauen.

Die Fahrradtour im Sommer 2004 sollte dazu beitragen, diese Partnerschaft zu stärken und Menschen auf das „Wunder von Pskow“ aufmerksam zu machen.

REISETAGEBUCH*

1. Tag, 17.7.04: Wassenberg-Essen (95 km)

Wir sind gerührt, dass so viele Menschern unsern Start nach Russland begleiten. Junge und alte Gemeindeglieder, Lehrer der Rurtalschule, sogar der Bürgermeister, sind beim Start der Fahrradreise von Wassenberg nach Russland dabei, um uns Segenswünsche mit auf den Weg zu geben. Aber auch Briefe für die Mitarbeiter im Heilpädagogischen Zentrum werden eingepackt, kleine Souvenirs, in letzter Minute noch ein Kinderwagen für Christina Strekalowskaja in Pskow, die ein lang ersehntes Baby bekommen hat. Der Gepäckwagen ist nun so voll, dass kaum noch ein Handtuch hineinpasst.

* Das Reisetagebuch wurde regelmäßig in der „Rheinischen Post. Erkelenzer Zeitung" sowie auf der Homepage der EKiR und von Chrismon-Rheinland veröffentlicht.

Auf dem ersten Streckenabschnitt fahren noch 80 Begeisterte mit. Nach einem Picknick an einem der Wegberger Mühlenseen ist die Russlandgruppe auf sich allein gestellt. Wir wählen eine Route, die die landschaftlichen Reize des Niederrheins zur Geltung bringt. Seltsam: Obwohl wir noch in unserer Heimat sind, bewegen wir uns auf unbekanntem Terrain. Anders als mit dem Auto rasen wir mit dem Rad nicht an Dörfern und Feldern vorbei, sondern haben Augen für Kleinigkeiten: ein windschiefes Haus, Duft der Äcker, Waldwege, die vom Regen der letzten Tage noch ganz aufgeweicht sind. Eine elegant gekleidete Frau radelt uns entgegen. Wahrscheinlich fährt sie zu einer Hochzeit. Oben auf dem Hut, der Pariser Haute-Couture entsprungen sein könnte, trägt sie stolz einen Fahrradhelm.

Gewitterschauer halten uns auf. Regensachen werden ausgepackt. Durch die Brille ist kaum noch etwas zu sehen. Die Landschaft verschwimmt vor unseren Augen. Am Rhein zwingt eine Großkirmes zur Routenänderung. Statt der Theodor-Heuss-Brücke wählen wir die neue Autobahnbrücke im Norden Düsseldorfs - auf dem Radstreifen.

Kurz vor Duisburg werden die Beine schwer. Andrej, der Direktor des Heilpädagogischen Zentrums, berichtet, dass die behinderten Kinder gerade eine Fahrradtour von Nowgorod nach Pskow unternommen haben. Und uns soll die Puste ausgehen?

In Mülheim/Ruhr ist zu entdecken, dass es im Ruhrgebiet auch Berge gibt. Nach fast 100 Kilometern wird jeder kleine Hügel zum Alpengipfel. Jetzt läuft die Zeit davon. Wir sind für 18 Uhr im Gottesdienst der Neuen Pauluskirche in Essen angekündigt und sollen dort von dem Versöhnungsprojekt und der Arbeit in Pskow erzählen. Als wir ankommen, ist der Gottesdienst bereits zu Ende. Der Pfarrer ist nachsichtig und hat die Gemeindeglieder auf den Gottesdienst am Sonntagmorgen verwiesen. Freundliche Gemeindeglieder nehmen uns auf und sorgen für die notwendigen Stärkungen und eine geruhsame Nacht.

2. Tag, 18.7.04: Essen-Soest (110 km)

Ein Loblied auf Frau Gravenhorst! Die alte Dame aus der Essener Kirchengemeinde sorgt für opulentes Essen und eine geruhsame Nacht. Ihre Großzügigkeit ist gepaart mit Weltläufigkeit. Ein Haus voller Bücher und Geschichten über die in alle Welt ausgezogenen Kinder zeugen von einem weiten Horizont. Am nächsten Morgen überrascht sie uns damit, dass sie auch auf dem Fahrrad ein gutes Stück mithalten kann.

In der Essener Neuen Pauluskirche findet ein Familiengottesdienst statt. Normalerweise ist der riesige Kirchbau wohl für die schrumpfende Gemeinde zu groß. Der Strukturwandel im Ruhrgebiet führt zu Wanderungsbewegungen, die den Gemeinden und den Städten große Probleme bereiten. Man weiß nicht, ob die große Kirche noch lange zu halten ist. Heute ist der Gottesdienstraum zum Familiengottesdienst allerdings gut gefüllt. Aussendung! Eine Jugendgruppe macht sich auf in die Partnergemeinde der United Church of Christ in den USA, wir werden in Richtung Russland verabschiedet. Go west! Go east!

Wir erzählen von der Geschichte des Heilpädagogischen Zentrums in Pskow. Nach Zeiten des Krieges und der Feindschaft sollte 1991, 50 Jahre nach dem Kriegsbeginn, ein neues Kapitel aufgeschlagen werden. Versöhnung mit der Sowjetunion! Aber Versöhnung mit Verbesserung der Lebensbedingungen für die Schwächsten in der Russischen Gesellschaft! So machte sich die Evangelische Kirchengemeinde Wassenberg auf, gemeinsam mit der Rurtal-Schule

Oberbruch das Heilpädagogische Zentrum in Pskow zu gründen. Die Gemeinde übernahm die Trägerschaft, die Schule sorgte für die fachliche Entwicklung und die Ausbildung der Pädagoginnen und Pädagogen. Eine gute Arbeitsteilung. Heute kennt im Nordwesten Russlands fast jeder das HPZ.

Unser Weg führt an der Ruhr entlang nach Soest. 110 km auf der Kaiserroute, die von Aachen bis Paderborn reicht.

3. Tag, 19.7.04: Soest-Bad Driburg (101 km)

Wir schlafen in der Soester Jugendherberge. Am Morgen wollen wir noch die Wiesenkirche ansehen. Die westfälische Kirchenleitung hat uns eine Besichtigung ans Herz gelegt, weil sie ein Hauptwerk der Gotik sei. Im Nordportal ist das „Westfälische Abendmahl" dargestellt. Das Abendmahl wird in einem Wirtshaus gehalten, in dem es Schinken und Bier gibt. Das klingt verheißungsvoll und unkonventionell! Aber am Vortag sind wir erst um 23 Uhr in Soest angekommen. Das soll uns auf dieser Etappe nicht mehr passieren. Deshalb verzichten wir auf die Besichtigung, kaufen für Andrej Zarjow, der Knieprobleme hat, eine elastische Bandage. Mit der Bandage fährt er beschwerdefrei. Außerdem versorgen wir uns mit Proviant. Getreu dem Brecht-Motto: Erst kommt das Fressen, dann kommt die Moral.

Andrej Zarjow, 42 Jahre alt und selbst Vater einer schwerstbehinderten Tochter, ist Direktor des Heilpädagogischen Zentrums in Pskow. Vorher war er Englisch-

Lehrer, hat sich aber seit Gründung des Zentrums ganz der Arbeit mit behinderten Menschen gewidmet. Fortbildungen in Europa und USA haben ihn zu einem der führenden Experten in Russland gemacht. Sein Eifer hat einen Grund. Alles, was er in Russland leidenschaftlich konzipiert und aufbaut, dient auch der Zukunft seiner autistischen Tochter Katja.

Auf der B1 fahren wir von Soest nach Paderborn. Wir schaffen einen 25er Schnitt. Das ist zwar nicht Tour-de-France-reif, aber für unsere Verhältnisse recht schnell. Die Beine arbeiten im gleichmäßigen Takt. Haben wir nach drei Tagen schon Kondition gewonnen?

Hinter Paderborn dämpft das Eggegebirge unsere Euphorie. Englose Steigungen. Wir schnaufen wie eine alte Dampflock. Dann ist auch noch die Radkarte ungenau. Wir wählen eine Abkürzung - und erkaufen sie mit Steigungen, die auch im ersten Gang kaum zu schaffen sind. Schließlich finden wir über die Berge hinweg Bad Driburg. In der Jugendherberge hören Andrej Zarjow und Konstantin Popow vertraute Töne: eine russische Jugendgruppe im Sportleraustausch.

4. Tag, 20.7.04: Bad Driburg - Einbeck (Wenzen) (84 km)

Regen, Regen, Regen… Wir quälen uns von Bad Driburg nach Einbeck. Es blitz und donnert. In kurzer Zeit erweist sich, dass die Regenkleidung nicht dicht ist. Pech! Die Nethe schlängelt sich durch die Täler. Ein Radweg folgt ihr. Parallel zum Fluss bleiben zumindest die Anstiege erträglich. Am Körper klebt die nasse Kleidung. Auch die mitgebrachten Brötchen sind längst aufgeweicht. Wir stellen uns bei einer Betonfabrik unter und hoffen, dass der Regen bald aufhört. Er hört nicht auf.

Ziemlich abgekämpft erreichen wir Höxter. Um den Regenfluten auszuweichen, besichtigen wir die mächtige Schloss- und Klosteranlage Corvey. Die Benediktinerabtei war einmal kultureller und politischer Mittelpunkt Deutschlands. Von hier aus nahm die Christianisierung ihren Lauf. Paradoxerweise findet im Museum eine Ikonenausstellung statt. Die Ikone ist für orthodoxe Christen wie ein Fenster zum Himmel, erzählt uns Konstantin Popow. Er ist Kantor der Lubjatowa-Gemeinde in Pskow und muss es schließlich wissen. In Pskow gibt es die berühmtesten Ikonen Russlands - da kann die Ausstellung nicht mithalten.

Im Ort Wenzen nahe Einbeck kommen wir im Pfarrhaus von Pfarrer Karius unter. Spontan stellt er uns die Räumlichkeiten, Getränke, Bad und seine Waschmaschine zur

Verfügung. Das Kirchlein der Lutherischen Gemeinde ist ebenso einladend wie der Pfarrer. Ein Kleinod abseits touristischer Wege, das in keinem Reiseführer zu finden ist.

Die Luftmatratzen werden aufgeblasen. Wir verkriechen uns in die Schlafsäcke. Werner Brümmer kommt der Gedicht-Vers von Dietrich Bonhoeffer in den Sinn: „Von guten Mächten wunderbar geborgen erwarten wir getrost was kommen mag."

5. Tag, 21.7.04: Einbeck - Goslar (65 km)

Wir verlassen Wenzen und sind guter Stimmung. Am Vorabend haben wir uns in der Dorfgaststätte mit dem berühmten Einbecker Bier und dicken Schnitzeln gestärkt. Als wir den Gästen von der Radtour und dem Heilpädagogischen Zentrum erzählten, meist Mitglieder der örtlichen Freiwilligen Feuerwehr, öffneten sie spontan ihre Portemonnaies und spendeten für das HPZ.

Endlich wieder ein Sonnentag! Auf dem ersten Kilometer müssen wir mehr als 100 Meter Höhenunterschied überwinden. So geht es weiter. Steile Anstiege, die kaum im ersten Gang zu bewältigen sind. Wer sein Fahrrad liebt, der schiebt ... Dann wieder rasante Abfahrten. Der Tacho zeigt bis zu 55 km/h an. Willkommene Kühlung für den schwitzenden Körper.

In Bad Gandersheim begegnet uns gepflegte Kurort-Atmosphäre. Die romanische Stiftskirche, der „Dom", ist sehenswert. In diesen Tagen finden die Domfestspiele statt, ein großes Angebot an Schauspiel-, Musical- und Studioinszenierungen.

Am Harzrand entlang folgen wir mit unseren Fahrrädern dem Europäischen Fernradwanderweg R1. Die anspruchsvolle Strecke fordert uns die letzen Kräfte ab, bis wir in Goslar ankommen. Die Stadt war früher Zentrum des Erzbergbaus. Heute erinnert nur noch ein Museum daran. Das

Erzbergwerk gehört mittlerweile zum Weltkulturerbe. Auch Wassenberg war bis vor zehn Jahren durch den Bergbau geprägt, Anthrazitkohle. Heute erinnern nicht einmal die Ratheimer Fördertürme mehr an diese Zeit.

Wir übernachten im Gemeindezentrum der St. Georgs-Gemeinde auf Luftmatratzen und Schlafsäcken. Am Abend kommen die Jugendlichen unter Leitung von Pfr. Thomas Bergfeld und Barbara Kramer am Bahnhof an. Sie wollen uns mit dem Rad bis Berlin begleiten. Zur Begrüßung kocht Werner Brümmer Spagetti à la Landeskirchenamt.

6. Tag, 22.7.04: Goslar - Thale (80 km)

Die Herrnhuter Losung des Tages lautet: „Lasst uns doch den Herrn, unsern Gott, fürchten, der uns Frühregen und Spätregen gibt zur rechten Zeit und uns die Ernte treulich und jährlich gewährt." (Jeremia 5,24) Frühregen in Goslar! Man kann sich wirklich nicht auf die Wettervorhersage verlassen. Es war Sonnenschein angesagt. Den ganzen Morgen regnet es.

Wo ist Oker? Über den kleinen Ort wollen wir zum Radweg R1 gelangen. Niemand kennt ihn. Wir werden von den Einheimischen in alle Richtungen geschickt. Oker finden wir nicht. Mir fallen einige spöttische Sätze aus Heinrich Heines „Harzreise" dazu ein.

Als wir zufällig das vertraute Schild mit der Bezeichnung R1 und dem Bild der Brockenhexe finden, geht es steil bergauf. Der Boden ist aufgeweicht vom Regen, die Räder und unsere Beine von einer Schlammschicht überzogen. Wir kommen nur mühsam voran. Über Bad Harzburg gelangen wir nach Wernigerode. Inzwischen sind die Regenwolken verflogen und die Sonne scheint kräftig. Steil ragen die Felsen des Brocken empor, mit 1142 m höchste Erhebung im Harz.

Die Jugendlichen aus Wassenberg haben wir in drei Gruppen aufgeteilt. Für ungeübte Radler ist der Weg sehr mühsam. Die Berganstiege fordern alle Kraft. Abgekämpft erreichen wir die Jugendherberge Thale am Eingang des Bodetals. Hoch über der Stadt befindet sich der sagenumwobene Hexentanzplatz, gegenüber der Rosstrappe. Hier haben früher die Sachsen ihre heidnischen Bräuche zur Walpurgisnacht gepflegt.

Beim Einschlafen hören wir das Rauschen der Bode wie eine Nachtmusik.

7. Tag, 23.7.04: Thale - Altjeßnitz (120 km)

Endlich lassen wir den Harz langsam hinter uns. Von Thale geht es bergab Richtung Dessau. Diese Etappe ist eindeutig zu lang. Außerdem haben sich einige Probleme eingestellt. Einen platten Reifen können wir noch selbst reparieren. Aber ein defektes Tretlager und eine abgerissene Trommelbremse rufen nach dem Mechaniker. Wir staunen über die gute Kondition der Jugendlichen. Nur wenige lassen sich vor dem Erreichen des Ziels vom Bus abholen. Wir ziehen den Hut!

In Altjeßnitz erwartet uns ein altes Pfarrhaus, das als Selbstversorger-Gästehaus umgebaut wurde. Eine Umweltgruppe der Evangelischen Landeskirche Anhalts kommt zu Besuch, auch die Ortspfarrerin Swantje Adam mit der „jungen Gemeinde". Die alte romanische Kirche strahlt besonderen Charme aus. Ne-benan gibt es einen berühmten Irrgar-ten. Frau Tischer, die ebenfalls im alten Pfarrhaus wohnt, erzählt, dass sie sich dort schon `mal zwei Stunden verlaufen habe.

David ist begeistert! Er interessiert sich für alles Neue, macht sich nützlich, wo er kann. Hilfsbereit schleppt er Kisten und Koffer. Auf dem Rad ist er unschlagbar. Kraft ohne Ende! Manchmal ergreift er eine Hand, um sich sicher zu fühlen. Er weiß, dass ihn jeder in der Gruppe mag. Die Jugendlichen freuen sich, dass er mitgefahren ist. David hat eine Behinderung, er kann sich aber gut selbst versorgen. Wir haben den Bus-Schlüssel verloren. David findet ihn! Gut, dass es David gibt!

8. Tag, 24.7.04: Altjeßnitz - Wittenberg (55 km)

Eine kurze Etappe zur Erholung. Familie Tischer übernimmt die Schlussreinigung des Selbstversorgerhauses, damit wir rechtzeitig auf die Fahrräder kommen. Nach den Regenfällen des Vortages und dem Besuch von 25 Radfahrern sieht das Haus entsprechend aus. Die freundliche Pfarrerin der anhaltinischen Kirche begleitet uns von ihrem Sprengel Altjeßnitz Richtung Dessau bis zu den Wörlitzer Gärten. Dann geht es an der Elbe entlang nach Wittenberg.

Keine Defekte. Das neue Tretlager hält. Herrliches Sommerwetter.

In Wittenberg werden wir im Glöckner-Stift, einem „Jungenrettungshaus“ des CVJM untergebracht. Vor der Schlosskirche eine Überraschung: eine Gruppe Wassenberger erwartet uns mit großem Applaus. Sie hatten damit gerechnet, dass wir der Kirche, die durch den Thesenanschlag Luthers berühmt wurde, einen Besuch abstatten. Wir schließen uns in die Arme.

Der Besuch der alten Stadtkirche, in der Martin Luther gepredigt hat, ist beeindruckend. Auf dem Altargemälde von Cranach ist der Reformator dargestellt, wie er auf den gekreuzigten Christus zeigt und das Evangelium auslegt. Mir fällt auf, wie sehr sich die Zeiten ähneln. Damals: Erfindung des Buchdrucks, heute das Internet, also beides Medienzeitalter. Damals Aufstieg der großen Bank- und Handelshäuser, heute Dominanz des Geldes in allen Fragen der Politik. Damals Auflösung der ständischen Gesellschaft, heute die Erfahrung, dass nichts sicher ist: der Beruf, das soziale Netz. Dagegen setzen die Reformatoren den Glauben, dass Gott alle Menschen liebt, ohne Unterschied, ohne auf ihre Vorleistungen zu achten. Eine Botschaft, die nichts von ihrer Brisanz eingebüßt hat. Nach nichts sehnen sich die Menschen so sehr wie nach der Liebe.

9. Tag, 25.7.04: Wittenberg - Berlin (115 km)

Trau’ keinem Pfarrer, wenn er die Entfernung ausrechnet! Erwin Ruchatz bringt es auf den Punkt. Leider habe ich mich verkalkuliert. 80 km waren für die Strecke von Wittenberg nach Berlin vorgesehen, es werden aber 115. Die Radgruppe muss einen hohen Schnitt fahren, um gerade noch den Abendgottesdienst im Berliner Dom zu

erreichen. Ich predige über den Wochenspruch „So seid ihr nun nicht mehr Gäste und Fremdlinge, sondern Mitbürger der Heiligen und Gottes Hausgenossen.“(Epheser 2,19) Der Apostel trifft unsere Situation auf den Punkt genau: Wir radeln durch Europa, um die Erfahrung der Fremdheit zu überwinden, um Versöhnung zwischen den Völkern zu stiften und für Integration - neuerdings sagt man unter Fachleuten Inklusion - zu werben.

In der Schriftlesung hören wir die Geschichte vom „besessenen Gerasener“ (Markus 5,1-20)*, ein „Irrer“, der unter

---

* Als Jesus in der Gegend von Gerasa an Land ging, sah er einen Mann, der aus den Gräberhöhlen kam, geradewegs auf ihn zu, besessen von unreinen Geistern, verstört und wirr , ein Irrer, der unter den Grabkammern lebte. Niemand konnte ihn zähmen; denn er riss sich los, sprengte die Ketten, zerriss seine Fesseln und war stärker als seine Wärter, bei Tag und Nacht unterwegs, auf den Bergen und in den Tiefen der Gräber, mit wildem Gebrüll und einem Stein in der Hand, um sich zu schlagen. Als er Jesus, von weither, erkannte, stürzte er auf ihn zu, fiel ihm zu Füßen und es schrie mit gewaltiger Stimme aus ihm: „Jesus, Sohn des höchsten Gottes, was willst du

den Grabkammern lebt, ein Abgesonderter. Abgesondert wie in der Regel Menschen mit schweren Behinderungen in Russland - aber auch anderswo. In Internaten versteckt, schlecht versorgt, wenig gefördert. Eine Geschichte des Scheiterns und der Schuld. Aber Heilung wird möglich und erfahrbar, wenn der Mensch und sein Leiden im Zentrum stehen, wenn aus Objekten der Medizin, Pflege oder Pädagogik Subjekte werden, die ihren eigenen Weg finden. Menschen, die sich ins Leben tasten und dabei verlässliche Partner und Begleiter finden. Im Zentrum steht der Mensch. Und die biblische Provokation fügt hinzu: der von Gott geliebte Mensch, geliebt ohne Bedingung, ohne Einschränkung.

Der Gerasener ist auch ein Geliebter. Das weiß er nicht. Er ist in schrecklicher Lage: Krankheit, Besessenheit, Irresein, eine schwere Psychose ... Ungenau sind die Symptome. Dem Text kommt es nicht auf Diagnosen an. Nur darauf:

---

von mir? Ich beschwöre dich: Lass mich in Frieden und quäle mich nicht." Denn Jesus hatte zu ihm gesagt: „Hinaus! Teufelsgeist! Fort von diesem Menschen!" Und dann: „Dein Name ?" - „Ich heiße Legion. Legion, weil wir so viele sind." Und er bat Jesus: „Schick uns nicht fort." Da am Fuß der Berge eine große Schweineherde graste, flehten ihn die Geister an: „Da! Die Tiere! Lass uns! Wir fahren in sie hinein!" Und er erlaubte es. Die unreinen Geister fuhren in die Schweine hinein, und die Herde stürmte den Abhang hinunter ins Meer. Zweitausend Schweine ertranken. Da liefen die Hirten davon und erzählten in der Stadt und auf den Feldern, was sie gesehen hatten, und viele Menschen machten sich auf den Weg, um zu sehen, was geschehen war. Sie kamen zu Jesus und fanden, statt des besessenen Menschen, einen vernünftigen, in saubere Tücher gekleideten Mann, und sie fürchteten sich sehr. Die Menschen aber, die gesehen hatten, was mit dem Kranken und mit der Herde geschah, erzählten es ihnen und baten Jesus, ihr Land zu verlassen. Er jedoch, der genesen war, bat ihn, unten am Hafen: „Nimm mich mit dir!" Aber Jesus schickte ihn fort: „Geh in dein Haus, zu deinen Verwandten und Freunden, und sage ihnen, was ich für dich tat; denn ich hatte Mitleid mit dir." Da ging der Mann fort, zog durch die zehn Städte ringsum, erzählte allen: „Dies hat Jesus für mich getan", und Staunen ergriff die Menschen: Ein Wunder war mitten unter ihnen geschehen.

hier ist ein Mensch, der innerlich zerrissen ist. Längst kann er das Wort Hoffnung kaum mehr buchstabieren. Dem Tode ist er näher als dem Leben. Getrennt von den Lebendigen, getrennt vom Ursprung und Ziel des Daseins, gleiten seine Tage dahin. Überall eckt er an, provoziert Ablehnung, gerät in den Strudel der Gewalt, der ihn taumeln lässt und andere ins Straucheln bringt. Von solch einem hält man sich gewöhnlich fern.

Der Gerasener hat die Last der Krankheit zu tragen. Hinzu kommt die Last der Ausgrenzung. In der Geschichte der Behandlung psychischer Krankheiten und Behinderungen sind Trennung, Internierung oder Selektion oft angewandte Mittel. Mit Scham erinnern wir uns daran. In Deutschland oder Russland. Eine Kultur der Wertschätzung steht noch aus. Sie hätte ihren Grund in dem biblischen Menschenbild, das in jedem Einzelnen unabhängig von seiner Situation, seinem Verhalten, seiner Krankheit und seinen Leistungen Gottes Ebenbild erkennt. Ausgestattet mit einer unverlierbaren Würde.

Jesus spricht im Evangelium diesen Menschen so an, dass der Bann gebrochen wird, dass Verzweiflung und Einsamkeit, Trauer und Angst ein Gegenüber finden. Er spricht ihn an als geliebtes Geschöpf Gottes, voller Möglichkeiten, nicht nur bestimmt durch Defizite und Verkrümmungen der Seele. Ein „Mitbürger“, kein „Fremdling“.

Der Bibeltext zeigt, dass im Horizont der Krankheit und ihrer Behandlung die gesellschaftlichen Rahmenbedingungen, unter denen wir leben, nicht ausgeblendet werden dürfen. Die „Dämonen“ werden unschädlich gemacht. Das Evangelium erzählt eine Satire der Befreiung. All die fremden Mächte, die den Menschen einschnüren und ihm die Luft zum Atmen rauben, machen sich lächerlich.

Die Geschichte hat einen seltsamen Schluss. Nach der Heilung bitten die irritierten Zuschauer, Jesus möge das Land verlassen. Die Grenze zwischen gesund und krank, zwischen normal und behindert, zwischen Kulturen oder Ländern, ist eingerissen. Es war ohnehin eine trügerische Grenze. Integration ist immer wechselseitig zu verstehen. Nicht allein Menschen mit Behinderungen oder einer psychischen Krankheit bedürfen der Veränderung und des Lernens, sondern auch die Gesellschaft, in der sie leben. Jeder Mensch ist auf Hilfe angewiesen. Niemand kann seinem Dasein aus eigener Kraft Sinn verschaffen. Keiner lebt für sich allein. Der Gerasener wird zu den Menschen geschickt, um das Leben erproben, die wieder gewonnene Freiheit. Er wird anderen helfen, eigene kranke Anteile wahrzunehmen, aber auch die Möglichkeiten, die in jedem stecken. - In Gerasa oder Berlin, in Pskow oder Wassenberg: im Zentrum der Mensch, der von Gott geliebte ist. Dafür radeln wir über alle Grenzen hinweg. Nicht als Fremdlinge, sondern als Mitbürger und Gottes Hausgenossen.

Am Ende des Gottesdienstes tragen die Jugendlichen im riesigen Dom mutig ihre Fürbitten vor, die sie mit Pfarrer Thomas Bergfeld erarbeitet haben. Als Lektorin der Domgemeinde überrascht uns die ehemalige Ministerin und Dürener Bundestagsabgeordnete Dr. Irmgard Schwaetzer. In der Hofkirche der Hohenzollern sehen wir noch weitere vertraute Gesichter aus Düren, Jülich und Wassenberg.

Abends empfängt uns die Gemeinde Berlin-Schlachtensee mit einem Grillfest. Prof. Welten und die Mitarbeiter der Gemeinde laden zur Diskussion ein. Der Arbeitskreis Wolgograd, der sich in Berlin gegründet hat berichtet ebenso über seine Arbeit wie der Superintendent von Teltow-Zehlendorf. Wir schlafen im schmucken Gemeindezentrum und erleben noch einmal konkret: wir sind keine „Fremdlinge", sondern „Hausgenossen".

10. Tag, 26.7.04: Berlin - Frankfurt/O (85 km)

Ab Berlin wird wie geplant unsere Fahrradgruppe kleiner. Erwin Ruchatz kehrt heim, da seine Tochter heiratet. Wir haben über seine gute Kondition gestaunt und werden ihn und seinen Humor auf der weiteren Reise vermissen. Gottes Segen dem Hochzeitspaar! Horst Leonhardt, unser getreuer Busfahrer, kehrt zurück ins Siegerland. Er war der ruhende Pol in den Anfangsturbolenzen. Schließlich fahren auch die Jugendlichen mit der Bahn wieder nach Erkelenz und Wassenberg. Sie waren ein klasse Team, haben die Strapazen gut verkraftet und sind vor allem ausgesprochen hilfsbereit und freundlich miteinander umgegangen.

Nun sind wir zu sechst. Konstantin Popow klagt über Rückenschmerzen. Hat das Kopfsteinpflaster der alten Dorfstrassen einen „Hexenschuss" provoziert? Der Orthopäde beruhigt uns. Er setzt eine Spritze, verordnet einen Tag Ruhe gibt grünes Licht für die Fortsetzung der Tour.

Von Köpenick, dem Berliner Ortsteil der durch den „Hauptmann" bekannt geworden ist, fahren wir durch den Spreewald nach Frankfurt/Oder. Wiederum holt uns der in diesem Sommer unvermeidliche Regen ein.

In Frankfurt/O werden wir durch eine Einladung zur Geburtstagsfeier von Sylvia Butry entschädigt. Mit den Gästen diskutieren wir über die Zeit vor und nach der Wende, über Ost- und Westkultur und die von der Regierung beschlossenen sozialen Einschnitte. Die soziale Lage ist in dieser Region dramatisch. In Bleien, einem Dorf nördlich von Frankfurt, liegt die Arbeitslosenquote bei 58 %. Besserung ist nicht in Sicht. Trotzdem wünscht sich niemand die „alten Zeiten" zurück. Wir fragen besorgt: Wie finden wir die notwendigen Instrumente, um die Arbeitsmarktprobleme zu lösen? Offenbar taugen weder die Konzepte des Sozialismus noch des Kapitalismus. Wie kann es gelingen, den Opfern der rasanten Wandlungsprozesse in unserer Gesellschaft wieder Hoffnung - und Arbeit - zu geben?

11. Tag, 27.7.04: Frankfurt a. d. Oder - Skierzyna/Polen (Schwerin a.d. Warthe) (90 km)

Früher dauerte die Grenzabfertigung nach Polen Stunden. Heute benötigen wir nur einige Minuten, um von Frankfurt aus die Oder zu überqueren und über die deutsch-polnische Grenze nach Slubice zu gelangen. Die Grenzbeamten sind freundlich, auch wenn sie sich über die bunt gemischte Fahrradgruppe wundern. Vier deutsche Pässe, ein russischer, ein estnischer. Slubice hat sich schon ganz auf den intensiven Grenzverkehr eingestellt. Geschäfte preisen ihre Waren in beiden Sprachen an, der Euro ist selbstverständliches Zahlungsmittel. Ein Liter Diesel kostet 0,70 €, Haarschneiden 5,00 €, Färben 9,00 €. Umgekehrt besuchen polnische Studenten die Frankfurter Universität Viadrina.

Über Osno und Sulecin fahren wir nach Skierzyna (Schwerin a.d. Warthe). Die reizvolle Landschaft ist leicht hügelig.

Als hätten sie die EU-Vereinigung noch nicht nachvollzogen, begegnen uns kurz nach Grenzübertritt die ersten Störche. Sie gleiten majestätisch durch die Luft. In einem Dorf spricht uns ein älterer Herr an. Er ist stolz auf seine Deutsch-Kenntnisse und erzählt, er sei im Jahre 1941 von den Deutschen interniert gewesen. Der Krieg hat bei dem 85-jährigen keine Bitterkeit hinterlassen. Vielmehr freut er sich, dass die Grenzen nun endlich offen sind. Als wir erzählen, dass wir bis Russland mit dem Rad fahren wollen, lacht er. Früher hätte er das wohl geschafft, jetzt sei er dafür zu alt.

In Skierzyna fahren wir beim Überqueren der Warthe an einem wunderschönen Hotel vorbei. Es war schon vor dem Krieg unter dem Namen „Strandschlösschen" ein beliebter Ausflugsort. Wir beschließen, uns die 28 km bis Miedzychod für heute zu sparen und genießen die gute regionale Küche.

12. Tag, 28.7.04: Skierzyna - Miedzychod - Pila (110 km)

Treten, treten, treten. Die einzige Straße durch den Naturpark Puszca Notecka verläuft von Miedzychod aus schnurgerade nach Drezdenko. Der Wind kommt scharf entgegen. Warum hat man eigentlich den Eindruck, es gehe immer bergauf, nie bergab? Die Augen ruhen am Hinterrad des Vordermannes, um im Windschatten Kraft zu sparen. An der Seite die scharfe Asphaltkante. Aufgepasst, wenn ein Auto kommt! Wahrscheinlich gibt es keine polnische Übersetzung für „defensives Fahren". Andrej fotografiert. Ich schaue mich nach ihm um, komme von der Fahrbahn ab und lade mit einem gewaltigen Satz über die Lenkstange im Gras. Nichts passiert, außer ein paar blauen Flecken. Weiter treten, treten, treten.

Der Weg nach Pila ist anstrengend. Keine besonders schöne Stadt. Viel Industrie. Aber die Sonne scheint, und die Temperaturen sind angenehm. So radeln wir durchs Land und denken an die Daheimgebliebenen in Wassenberg und das Heilpädagogische Zentrum in Pskow. Welch eine sonderbare Verbindung ist hier entstanden! Eine kleine Kirchengemeinde im Rheinland im Verbund mit der Rurtal-Schule und diese Insel der Hoffnung in Russland. Erstmals bekommen in Russland Kinder mit schweren geistigen und körperlichen Behinderungen eine Zukunftschance durch fachlich exzellente Therapie und eine Pädagogik, die nicht bei den Defiziten ansetzt, sondern bei der Selbstbestimmung und den Möglichkeiten, das Leben in Würde zu gestalten. Werden wir durch die Rad-Tour dafür genug Unterstützer gewinnen?

13. Tag, 29.7.04: Pila (Schneidemühl) - Koronowo (Krone) (100 km)

Fahrt nicht nach Bydgoszcz! Die Frau an der Rezeption rät uns, als Fahrradfahrer die große Industriestadt an der Weichsel zu meiden. Zu viel Verkehr! Wir wählen deshalb eine nördliche Route mit dem Ziel Koronowo. Die kleinen Straßen zwischen den Dörfern sind zum Teil nicht befestigt. Traktoren der allgegenwärtigen Landwirtschaft haben tiefe Furchen in den Weg geschnitten. Es fällt schwer, mit dem Fahrrad die Spur zu halten. Hauptsächlich Getreide wird in der „Krajenskie“ angebaut. Auf den Äckern arbeiten viele Menschen, meist ganze Familien. Es sind Ferien, und die Kinder arbeiten mit. Bereitwillig geben sie Auskunft, wenn man nach dem Weg fragt.

Nach 50 km machen wir in einem Dorf mit dem lyrischen Namen Izabela Rast. Aber die Häuser sind grau in grau. Es regiert die Armut. Die Dorfbewohner beobachten uns mit Interesse. Eine Frau kommt herbei, erzählt, dass sie vor zehn Jahren einmal in Hamburg gewesen sei und schenkt uns eine Flasche mit selbst gemachtem Himbeersaft. Wir revanchieren uns mit einigen mitgebrachten Lebensmitteln und Gummibärchen für die Kinder.

In allen Ortschaften fallen die vielen jungen Mütter mit Kinderwagen auf. Wie hoch ist eigentlich die polnische Geburtenrate im Vergleich zur deutschen?

Kurz vor dem Ziel leisten wir Erste Hilfe. Zwei junge Leute sind mit dem Fahrrad zusammengestoßen, als sie einem der viel zu schnellen Autos ausweichen wollten. Beim Sturz haben sie sich Schürfwunden zugezogen. Wir nehmen Verbandzeug und Salbe zur Hand, um sie notdürftig zu verarzten.

Der Rat, nach Koronowo zu fahren, war nicht schlecht. In einem Ferienpark am See finden wir Unterkunft und lassen den Abend am Ufer mit einem Blick auf die untergehende Sonne ausklingen.

14. Tag, 30.7.04: Koronowo - Kisielice / Ilawa (Deutsch Eylau) (120 km)

Über Dorfstraßen fahren wir in die Niederungen der Weichsel. Wie kommen wir auf die andere Seite des Flusses? Ein Passant weist uns auf das Autobahnschild E 75 hin. Die Europastraße führt auf einer mächtigen Brücke über den Fluss. Ungläubig zeigen wir auf unsere Fahrräder. Kein Problem! Das ist in Polen üblich! Also treten wir den Wettstreit mit LKW's und schnell fahrenden Autos an. In Chelmno ruhen wir uns an einer Raststätte aus. Wir kommen mit einem polnischen Fernfahrer ins Gespräch, der für eine deutsche Firma arbeitet. Er kennt sich gut in Deutschland aus und kann gar nicht fassen, dass wir die ganze Strecke mit dem Fahrrad gefahren sind. Er verspricht, den Flyer mit Informationen über das Heilpädagogische Zentrum seinem Chef geben und ihn um eine Spende zu bitten.

Entlang der Weichsel führt der Weg Richtung Grudziadz. Wir nehmen eine Abkürzung durch den Wald, die sich als Fehler entpuppt. Sandwege, kaum befahrbar. Unerwartet gelangen wir in ein Villenviertel. Auch das gibt es in Polen! Am Rande der Stadt mit den mittelalterlichen Speichern hoch über der Weichsel haben sich die Gewinner des Umbruchs angesiedelt. Offen wird der Reichtum zur Schau gestellt. Die neu errichteten „Burgen" sind oft protzig und geschmacklos.

In Lasin finden wir keine Unterkunft, in Kisielice ist das Hotel mit einer wenig Vertrauen weckenden „Bar" verbunden. Wir fahren weiter. Mittlerweile kommen wir ins Masurische. Unzählige Seen, die durch Flüsse und Kanäle miteinander verbunden sind. In Ilawa ruhen sich unsere müden Beine im „Kormoran“ aus, ein Hotel mit guter Küche direkt am See.

15. Tag, 31.7.04: Ilawa (Deutsch Eylau) - Olsztyn (Allenstein) (85 km)

Masuren hat uns verzaubert. Sind wir drei oder vier oder gar fünf Tage in Polen? Wir wissen es nicht mehr. Kalender und Uhren haben ihre Herrschaft verloren. Ein anderer Rhythmus bestimmt uns. Sanft gewellte Landschaft. Wir holen Schwung, wenn wir in die Täler fahren, um dann wieder einen Hügel zu erklimmen. Kleine, verträumte Seen an jedem Ort. Von den Dächern begrüßt uns Meister Adebar mit erwartungsvollem Klappern. In riesigen Nestern werden die Jungen hochgepäppelt, um sie fit zu machen für den Fernflug ins südliche Winterquartier.

Unsere Fahrräder zeigen Ermüdungserscheinungen. Leises Quietschen und Schleifgeräusche erzählen von unzähligen Schlaglöchern und gesäßstrapazierendem Kopfsteinpflaster. Ein Hinterrad ist deutlich verformt. Am Lenker löst sich die Schaumgummiummantelung und gibt das blanke Eisen frei. Eine Kette reißt am Berg. Gut, dass Herr Kemper uns eine große Kiste Ersatzteile mitgegeben hat. Die Reparatur bereitet keine Probleme.

Über Ostroda fahren wir weiter nach Olsztyn, (Allenstein). Die mächtige Ordensburg beherrscht noch immer das Stadtbild. Vor der Burg befindet sich ein Denkmal, das Nikolaus Kopernikus darstellt. Der Universalgelehrte hat mit seinen Abhandlungen zu Theologie, Ökonomie und Astronomie die Grundlagen für unser modernes Weltbild geschaffen. Er war ein Kosmopolit, für den die nationale Zugehörigkeit eine untergeordnete Rolle spielte. Auch heute kennzeichnet nach einer Geschichte der Eroberungen und Vertreibungen ein buntes Stimmengewirr die lebendige Altstadt, in der Musiker und Straßentheater den Ton angeben.

16. Tag, 1.8.04: Olsztyn - Mragowo (Sensburg) (81 km)

Die Landschaft verdichtet sich. Wir kommen langsam ins masurische Kernland. Die Wasserflächen werden größer. Wie auf einer Achterbahn folgen Anstiege und Abfahrten in kurzer Folge. Zum Glück ist unsere Kondition inzwischen ganz gut.

Zielpunkt ist Mragowo (Sensburg). Zu dem Ort gibt es besondere Beziehungen. Das ehemalige Dalheimer Küsterehepaar Zimmermann wurde dort getraut, und es ist auch die Heimat der Wassenberger Gemeindesekretärin Marianne Plickert.

Wir kommen im Lutherischen Pfarrhaus unter. Pfarrer Pjotr Mendrow und seine Frau Danuta versorgen uns liebevoll. Die Evangelischen zählen hier zu einer verschwindenden Minderheit. Ungeniert hat die Stadtverwaltung vor der Evangelischen Kirche ein Denkmal für Papst Johannes-Paul II. errichtet. 300 Gemeindeglieder hat der Pfarrer zu betreuen, im Umkreis von 50 Kilometern. Mit dem Gemeindebus fährt er monatlich 5.000 Kilometer, um die Leute zum Gottesdienst abzuholen, Konfirmanden zu sammeln und Seelsorgebesuche zu machen. Trotz dieser

Schwierigkeiten schafft es die Gemeinde, gottesdienstliches Leben und Diakonie miteinander zu verbinden. Es wird eine Sozialstation betrieben, in der warme Mahlzeiten für bedürftige Kinder in der Stadt - unabhängig von der Konfession - bereitet werden. Finanziert werden diese Aktivitäten, indem ein Gästehaus an Urlauber vermietet wird.

Abends fährt die Pfarrfamilie mit uns an einen einsamen See. Wir baden im wunderbar klaren Wasser und erleben einen traumhaften Sonnenuntergang, der alle masurischen Klischees in die Wirklichkeit holt. Unvergleichlich!

17. Tag, 2.8.04: Mragowo (Sensburg) - Wilkasy (60 km)

Eine Speiche ist gebrochen. Pfarrer Mendrow geht mit uns zum Fahrradhändler. Da keine passende Speiche auf Lager ist, fährt der Monteur zu einer Schlosserei, um sie anzufertigen. In der Wartezeit begegnen uns zwei junge polnische Ehepaare, die in einer Einrichtung für Menschen mit Behinderungen in der Nähe arbeiten. Sie sind vom Projekt in Pskow begeistert und berichten, dass in den Zeiten des Kommunismus die 'Situation behinderter Menschen in Russland wegen des Systems der Internate besonders schwierig gewesen sei. Sie wollen das Heilpädagogische Zentrum einmal besuchen. Inzwischen ist der Monteur zurückgekehrt. Stolz präsentiert er das reparierte Fahrrad. Auch die Schleifgeräusche sind behoben. Wir verabschieden uns dankbar von Pfarrer Mendrow und seiner Frau, die uns sogar die Wäsche gewaschen hat, und machen uns auf den Weg.

Nach einer Sonnenwoche hat uns der Regen wieder erreicht. Gabi Sprick leistet die kraftzehrende Führungsarbeit. Rüdiger und sie haben ihren gesamten Jahresurlaub investiert, um an unserem kleinen Abenteuer teilzunehmen. In Mikolajki halten wir uns nicht lange auf; eine Stadt in der Hand von Touristen. Die Regenkleidung klebt unangenehm am Körper. Wir schaffen es nicht wie geplant bis Olecko, sondern suchen in Wilkasy ein Quartier.

Nur wenige Kilometer entfernt kann man noch die Überreste des ehemaligen Führerhauptquartiers „Wolfsschanze“ besichtigen. Von dort aus hat Hitler seine Schreckensherrschaft zwischen 1941 und `44 organisiert. Vor 60 Jahren ist hier das Attentat der Widerstandskämpfer um Graf Stauffenberg gescheitert. Welche ein Gegensatz: die friedliche masurische Landschaft und die Gewalt des Diktators!

18. Tag, 3.8.04: Wilkasy - Alytus/Litauen (105 km)

Zwischen Olecko und Elk liegt das kleine Dorf Sayden, Heimat der Mutter von Erwin Ruchatz, der mit uns bis Berlin geradelt ist. Wir haben ihm versprochen, das Dorf zu suchen und einen Stein zur Erinnerung mitzubringen. Alte Geschichten werden wach, auch die masurische Färbung der deutschen Sprache. Diese Landschaft hat ausgeprägte Persönlichkeiten geformt. Wir nehmen den Bus und machen einen kleinen Abstecher abseits unserer Route. Das Dorf liegt fern der Verkehrswege an einem einsamen See. Nur ein paar Häuser, einige schon dem Verfall preisgegeben. Der Stein ist bald gefunden. Da fährt uns der Schreck in die Glieder. Wo ist die Tasche mit unseren Pässen, dem

Geld, EC- und Kreditkarte? Im Hotel-Restaurant liegengelassen! Hastig kehren wir um und fahren zurück zum Hotel. An der Rezeption werden wir mit wissenden Lächeln empfangen. Die Tasche ist da - samt Inhalt! Alle Vorurteile werden Lügen gestraft! Überall in Polen sind uns ausgesprochen freundliche, hilfsbereite und ehrliche Menschen begegnet. Es war eine Freude, dieses Land zu durchqueren!

Nun wartet das Baltikum auf uns. Litauen bildet den Auftakt. Erstaunlich, schon kurz nach der Grenze begegnet uns eine völlig veränderte Landschaft, die fast skandinavisch anmutet. Schnurgerade, breite Straßen durchziehen die weit geschwungene Ebene. Darauf rollen unsere Räder mühelos. Selten Landwirtschaft, meist kleinflächig, ein Pferd, eine angepflockte Kuh. Wenig Verkehr. Erstes Ziel ist die Bezirksstadt Alytus.

19. Tag, 4.8.04: Alytus - Vilnius (100 km)

Wir brechen früh in Alytus auf, um genug Zeit zu haben, die Litauische Hauptstadt Vilnius zu besichtigen. Nach 50 km verwandelt sich die Straße 220 in eine kraftraubende Sandpiste. Zusätzlich haben wir Gegenwind - wie fast immer auf dieser Reise. Zumindest bringt der Ostwind diesmal schönes Sommerwetter.

In der Nähe von Grendave entdecken wir einen herrlichen See und können nicht daran vorbeifahren, ohne uns im klaren Wasser zu erfrischen. Die Pause dehnt sich aus. Längst ist der Zeitgewinn der frühen Abfahrt aufgezehrt.

Nun aber weiter nach Vilnius! Von weitem sehen wir den historischen Stadtkern, der barock geprägt ist. Am Rand ragen Hochhäuser stolz empor. In der Stadt angekommen haben wir Schwierigkeiten, ein bezahlbares Hotel zu bekommen. Die modernen Bettenburgen der großen westeuropäischen Hotelketten sind für uns zu teuer. So steigen wir nach langer Suche in einem sehr heruntergekommenen Haus aus der Sowjetzeit ab.

Beim Stadtbummel fallen uns die Gegensätze auf. Im Zentrum das Leben der Schönen und Erfolgreichen! Viele junge Frauen stolzieren recht aufgetakelt daher, als wollten sie nach der wiedererlangten Unabhängigkeit keinen Modegag auslassen! Andernorts gibt es noch die typischen Hinterhöfe, in denen an verrosteten Moskwitschs herumgebastelt wird und die Plattenbauten, vor denen jemand gedankenverloren den Staub wegkehrt. 600.000 Einwohner hat Vilnius, jeder 6. Litauer sucht in der Hauptstadt sein Glück.

Vielleicht sind wir nach fast drei Wochen auf dem Fahrrad verdorben für Kunstgeschichte und Kultur. Jedenfalls freuen wir uns wieder auf eine Landpartie am nächsten Tag.

20. Tag, 5.8.04: Vilnius - Ignalina (107 km)

Wir verlassen Vilnius in nördlicher Richtung. In den letzten Tagen hat sich ein kleines Spiel entwickelt. Wir grüßen alle Passanten in der Landessprache und probieren aus, wie viele antworten. Es sind die meisten.Am Weg ist ein alter Friedhof zu sehen. Grabsteine in Form der Gebotstafeln, hebräische Schriftzeichen, ein schmiedeeisernes Tor mit dem Davidsstern. Wir gedenken der ermordeten Juden in

Osteuropa. Bis zum Einmarsch der deutschen Wehrmacht galt Vilnius als das litauische Jerusalem. 70.000 Einwohner gehörten dem jüdischen Glauben an, d.h. etwa 34 % der Bevölkerung. Kaum jemand überlebte die Barbarei der Nazis. In Vilnius war die jiddische Sprache lebendig. Es entwickelte sich eine bemerkenswert weltoffene Kultur, die die Ideen der Aufklärung integrierte, eine Kultur, die uns nun als Gestaltungskraft fehlt. Vor 25 Jahren hat die Rheinische Landessynode einen Beschluss zum Verhältnis von Christen und Juden gefasst, der die Erfahrung des Holocaust aufnimmt. Inzwischen heißt es in der Kirchenordnung: Die Kirche „bezeugt die Treue Gottes, der an der Erwählung seines Volkes Israel festhält. Mit Israel hofft sie auf einen neuen Himmel und eine neue Erde."

Zielpunkt der Etappe ist der Aukstaitijos Nationalpark am Rand von Ignalina. Er ist 40.000 ha groß. Dichter Wald, Wildwiesen und 126 Seen sind ein idealer Lebensraum für

Pflanzen und Tiere: Elche, Wölfe, Füchse, Schlangen, Schwarzstörche. Eine bezaubernde Landschaft mit dem Dorf Paluse als Zentrale. Wir finden Quartier in der ökologischen Station direkt am See. Tiere begegnen uns allerdings nur in Form von Mückenschwärmen.

21. Tag, 6.8.04: Ignalina - Daugavpils/Litauen (dt. Dünaburg) (90 km)

Andrej nennt sie „Hügelchen". Auf und ab, auf und ab. Unter dem Baltikum haben wir uns eine ausgesprochen flache Küstenregion vorgestellt. Das war ein Irrtum. Von einem ostbaltischen Höhenrücken hatten wir nichts gehört. Jetzt spüren wir ihn überdeutlich in unseren Beinen. Auf der geraden Straße von Ignalina nach Norden folgt ein Berg auf den anderen. Die Technik ist immer gleich. Bergab Schwung holen. Im großen Gang auf circa 40 Stundenkilometer beschleunigen in der vagen Hoffnung, dass die Geschwindigkeit ausreicht, um den nächsten Berg zu bezwingen. Sie reicht nicht aus. Zähne zusammenbeißen, aus dem Sattel gehen und das ganze Gewicht auf die Pedale drücken. Oben angekommen ist man außer Puste - und sieht den nächsten Berg. Das Spiel beginnt von vorne. Gut 100 solcher „Hügelchen" haben wir bis zur lettischen Grenze zu bezwingen. Begleitet werden wir vom Zirpen der Grillen und von einem süßlichen Duft, der unwiderstehlich aus den Wäldern strömt.

Die Grenzabfertigung ist gelassen-freundlich. Wir sind die einzigen Grenzgänger. Andrej erhält in das Transitvisum seines russischen Passes den obligatorischen Stempel mit der Bemerkung, er müsse Lettland in drei Tagen wieder verlassen haben. Das schaffen wir - wenn die „Hügelchen" uns nicht weiter aufhalten.

Die Daugava (dt. Düna) ist der bedeutendste Fluss des Baltikums. In der nach ihr benannten Stadt finden wir ein kleines Hotel mit ausgezeichneter Küche. Die „Villa Ksenija“ lässt uns Kraft schöpfen für die weitere Reise durch Lettland.

22. Tag, 7.8.04: Daugavpils - Rezekne (87 km)

Es fällt schwer, sich von der „Villa Ksenija“ zu trennen. Wir hatten nicht erwartet, in Lettland solch ein schönes Hotel zu finden. Wunderbar restaurierte Möbel, ein hervorragendes Restaurant, dem wir einige Sterne verleihen würden und ausgesprochen zuvorkommende Mitarbeiter. Warum nicht bleiben? Wir müssen weiter! Sonst schaffen wir es nicht, rechtzeitig nach Pskow zu kommen.

Durch eine SMS erfahren wir, dass im Heilpädagogischen Zentrum bereits das Sommercamp begonnen hat. Die rus-

sischen Sommerferien sind drei Monate lang. Wahrscheinlich ein Relikt der früheren sowjetischen Ernteeinsätze. Nun stellen sie für berufstätige Eltern ein großes Problem dar. Wie soll die Kinderbetreuung gewährleistet werden? Deshalb ist das Sommercamp schon zu einer Tradition geworden. Es soll den Kindern Spaß machen, die Familien entlasten, aber auch ein Beitrag zur Integration sein. Denn die Camps sind so organisiert, dass andere Schulen einbezogen werden und gemeinsames Leben von Kindern mit und ohne Behinderung eingeübt wird.

Wie in Litauen grüßen wir auch in Lettland die Passanten freundlich. Allerdings erhalten wir hier wenig Antwort. Die Menschen scheinen mehr mit sich selbst und dem Überleben in Zeiten des Wandels beschäftigt zu sein. Auch die Autofahrer - von den LKW's ganz zu schweigen - reagieren auf Radfahrer aggressiver. Andrej Zarjow erklärt uns, dass die wirtschaftliche Situation in Lettland im Vergleich zu den anderen baltischen Staaten ungleich schwieriger ist. Ist das der Grund für das wenig freundliche Verhalten?

In Rezekne haben wir die Alternative zwischen einem alten Hotel aus sowjetischer Zeit und einem einfachen Blockhaus am See. Wir wählen das Blockhaus - und träumen von der „Villa Ksenija".

23. Tag, 8.8.04: Rezekne - Balvi (86 km)

Zum Frühstück gehen wir in ein benachbartes Wirtshaus. Angetrunkene Einheimische kommen zu unserem Tisch und belästigen uns. Ein Kamerad, ebenfalls angetrunken, entschuldigt sich für seine Freunde und lädt uns ein, mitzutrinken und einen Ausflug mit ihm zu machen. Skurrile Situation. Wir lehnen dankend ab.

Mit unseren Rädern fahren wir in nördliche Richtung. In Rezekne ist die Erfahrung der traurigen Geschichte des 20. Jahrhunderts noch sehr lebendig. Die Stadt wurde im Zweiten Weltkrieg fast völlig zerstört. Das Denkmal für die Befreiung Lettgallens, „Latgales Mara", ist ein Spiegel der wechselvollen Geschichte. Als Zeichen der Unabhängigkeit Lettlands wurde es 1939 errichtet, 1940 von den Sowjets gestürzt, 1941 unter deutscher Besatzung erneut errichtet und 1950 unter sowjetischer Herrschaft wieder weggeschafft. 1992 wurde schließlich das heutige Denkmal enthüllt und zeugt von der wiedererlangten Souveränität des Landes, das nun auch EU-Mitglied ist. Die neuen Bindungen erfüllen die baltischen Staaten mit Stolz und Hoffnung. Es wird aber noch lange dauern, bis die jungen Demokratien die sozialen Standards der übrigen Mitgliedsländer erreichen.

Zielpunkt der Etappe ist Balvi, nahe der russischen Grenze. Wiederum holt uns die Geschichte ein. Über die P 36 kommen wir an dem Dorf Audrini vorbei. Hier erinnert ein Denkmal daran, dass 1942 die meisten Dorfbewohner auf Befehl des deutschen Kommandeurs erschossen wurden, weil sie sowjetischen Soldaten Unterschlupf gewährt hatten. Das Dorf wurde dem Erdboden gleich gemacht.

Bei meinem ersten Besuch in Russland zitierte der damalige Präses Peter Beier das düstere Dichterwort „Der Tod ist ein Meister aus Deutschland."

Ein heißer, anstrengender Tag. Erschöpft kommen wir in Balvi an und übernachten in einem alten Plattenbau-Hotel.

24. Tag, 9.8.04: Balvi - Luhamaa/Estland - Lavry/Russland (90 km)

Von Balvi fahren wir Richtung Grenzübergang Zabolove, um Russland zu erreichen. Die geplante Route über Estland wird geändert, weil Andrej Zarjow kein Transitvisum für das dritte baltische Land erhalten hat. Die Straße Nr. 42 ist kaum befahrbar. Eine Schotterpiste der schlimmsten Sorte. Am Grenzübergang sind wir tüchtig eingestaubt.

Die Lettischen Grenzer sind noch nicht auf EU-Pässe eingestellt. Ihre Abfertigung dauert eine halbe Stunde. Noch schlimmer ist es auf der russischen Seite. Man erklärt, dieser Übergang sei nur für den „kleinen Grenzverkehr" bestimmt. Wir telefonieren mit der Stadtverwaltung in Pskow. Diese versucht die obere Grenzbehörde in Bewegung zu setzen. „Höhere Weisung" soll aus St. Petersburg kommen - dort ist bereits Feierabend. Also zurück! Aber leider nicht mit Andrej Zarjow. Sein lettisches Transitvisum ist bereits abgestempelt. Wir dürfen nicht hin, er darf nicht zurück. Deshalb fährt er allein mit dem Rad über die lettisch-russische Grenze.

Wir verstauen die Fahrräder in den Anhänger unseres Gepäckbusses und nehmen rund 100 km Umweg in Kauf, um über Estland die andere Seite der Grenzstation zu erreichen. An der estnisch-russische Grenze Luhamaa/Kasino beginnt wieder das große Warten. Fünf Stunden dauert die Abfertigung. Immer neue Formulare müssen ausgefüllt, Versicherungen abgeschlossen und Dokumente vorgelegt werden. Ein bürokratischer Irrsinn! Erst nach Mitternacht können wir unsere russischen Freunde in die Arme nehmen

- einschließlich Andrej. Die Mitarbeiter des Heilpädagogischen Zentrums haben ein köstliches Abendessen am Lagerfeuer bereitet und wir campieren am Seeufer im Grenzgebiet. Eine letzte Übernachtung, bevor wir Pskow erreichen werden.

25. Tag, 10.8.04: Lavry - Pskow (75 km)

Aufbruch zur Schlussetappe. Nach 20 Kilometern kommen uns Jugendliche des Pskower Radsportvereins entgegen, um uns abzuholen. Einige Kinder des Heilpädagogischen Zentrums reisen mit dem Bus an. Sie werden von nun an auf ihren Rädern mitfahren. So nähert sich eine große Eskorte in gemächlichem Tempo der Stadt. Auf den letzten Kilometern sorgt die Polizei für freie Fahrt. In Pskow sind die Straßen abgesperrt. Das russische Fernsehen berichtet.

Als wir Sechs in einer Reihe in die Straße zum Heilpädagogischen Zentrum einbiegen, warten auf uns viele Menschen zur Begrüßung: Kinder des HPZ, Eltern, Mitarbeiter, Vertreter der Stadt, Presse, Neugierige. Wir sind gerührt von dem berauschenden Empfang. Hände werden ausgestreckt zur Umarmung, Küsschen verteilt, Reden gehalten. Wir haben es tatsächlich geschafft! Von Wassenberg nach Pskow mit dem Fahrrad!

Aus dem Unterstützerkreis in Deutschland treffen Hilde Schimitzek und Anika Krieg ein, um uns zu begrüßen. Das Heilpädagogische Zentrum Pskow hat die Arbeit mit behinderten Menschen in Russland grundsätzlich verändert. Es sind neue Perspektiven entstanden. Das ist nur möglich, weil sich in Deutschland engagierte Menschen finden, die diese Arbeit unterstützen: Sponsoren, Ehrenamtliche der Wassenberger Kirchengemeinde und der Rurtal-Schule Oberbruch, die „Initiative Pskow" und viele andere.

Es mag ein kleines Abenteuer sein, vom rheinischen Wassenberg aus nach Russland mit dem Fahrrad zu fahren. Ein viel größeres Abenteuer ist es jedoch, Menschen mit Behinderungen in Russland gute Lern- und Lebensbedingungen zu schaffen.

MENSCHENBILD UND INTEGRATION*

Im Jahre 1974, ich war gerade 19 Jahre alt, hatte ich Gelegenheit, im Zivildienst in einer Einrichtung für schwerstmehrfachbehinderte Kinder zu arbeiten. Meine Freunde bedauerten mich. Sie waren jung, gesund und wollten im Leben etwas erreichen. Geleitet von einem diffusen Begriff des „Normalen" fragten sie mich, ob solche Kinder mit einer Behinderung nicht besser von ihren schweren Leiden erlöst würden. Leben mit Behinderung war für sie sinnloses Leben. Ich hatte keine eindeutige Antwort auf ihre Fragen, wusste aber: Ich liebte diese Kinder. Und die Arbeit war nicht traurig, sondern ungemein fröhlich. Kinder mit einer Behinderung wurden zu meinen wichtigsten Lehrern. Sie lehrten mich, dass Menschen nicht perfekt sein müssen, dass Defizite, Leiden, Krankheiten und Fehler Bestandteile unseres Lebens sind. Seitdem lässt mich die Frage nach dem Menschenbild nicht mehr los.

I Orientierung am Defizit

Es gibt ein Menschenbild, das Behinderung ausschließlich als Belastung der Gesellschaft ansieht. Menschen mit Behinderung gelten als nicht förderfähig. Der Sinn des Lebens wird an der Leistungsfähigkeit gemessen. Das führt zu Ausgrenzung und Verwahrlosung, im Extremfall zu Beseitigung und Mord.

Schon einige Quellentexte der Antike weisen darauf hin, dass Griechen und Römer missgestaltete und schwache Säuglinge töteten. Sie passten nicht in das Menschheitsideal der Zeit und wurden häufig ausgesetzt und ihrem Schicksal überlassen.

* Vortrag in Pskow, Russland, 28.5.2003

Die Aufklärung und die Befreiung der Vernunft brachten zunächst keinen neuen Impuls. Offenbar ist die Frage nach dem Menschenbild nicht durch die Ratio zu beantworten. Jean-Jacques Rousseau, schrieb in seinem epochemachenden Werk „Emil oder Über die Erziehung" (1762): „Ich würde mich nicht mit einem kränklichen und siechen Kind belasten, und wenn es achtzig Jahre alt würde. Ich mag keinen Zögling, der sich selbst und anderen unnütz ist, der allein damit beschäftigt ist, sich am Leben zu erhalten, und dessen Leib der Erziehung der Seele schadet. Verschwende ich meine Fürsorge an ihn, so verdopple ich den Verlust, indem ich der Gesellschaft zwei statt nur einen Menschen entziehe. Mag ein anderer sich dieses Krüppels annehmen ... Ich kann nicht jemanden leben lehren, der nur daran denkt, wie er dem Tode entgeht."* Hier wird Behinderung ausschließlich als Belastung angesehen.

Der deutsche Nationalsozialismus hat in der Zeit von 1933-1945 dieses lebensfeindliche Menschenbild aufgegriffen. Im Zusammenhang mit dem Gesetz zur „Verhütung erbkranken Nachwuchses" wurden Zwangssterilisierungen angeordnet und 260.000 Patienten aus den deutschen Heil- und Pflegeanstalten systematisch ermordet (Euthanasieaktion T 4). Sie galten als Volksschädlinge.

Auch der Stalinismus hat ein System der Abschiebung in Internate entwickelt, das bis in die späte Zeit der Sowjetunion funktionierte. Menschen mit Behinderungen lebten dort weithin unter unwürdigen Bedingungen, weit weg von ihren Familien und den Menschen, die sie lieben. Die materialistische Auffassung, dass sich das Menschsein in der Produktivität verwirklicht, fixierte die Arbeit mit behinderten Menschen auf die Wahrnehmung der Defizite.

---

* Jean-Jacques Rousseau: Emil oder Über die Erziehung. Deutsche Ausgabe, Paderborn 1971, S. 28

In der Neuzeit wird unter veränderten Rahmenbedingungen mit liberalen Vorzeichen wiederum die Utopie einer leidfreien Gesellschaft gepflegt, in der Menschen mit schweren Behinderungen keinen Platz haben. Der australische Philosoph Peter Singer*, ein Vertreter des Utilitarismus, bindet seinen Person-Begriff an Kriterien wie Selbstbewusstsein, Abstraktions- und Leidensfähigkeit. Koma-Patienten und Menschen mit Behinderungen sind für ihn lediglich „Mitglieder der Spezies homo sapiens“, bei denen er die Euthanasie befürwortet, um ihr Leid zu vermindern. Singer reduziert dabei das Menschenbild auf wenige Eigenschaften, die er als „normal“ definiert.

Stillschweigend und weithin unreflektiert folgen diesem Bild auch neue Entwicklungen der eugenischen Auslese. In der Präimplantationsdiagnostik (PID) werden die im Reagenzglas erzeugten Embryonen auf mögliche Gendefekte untersucht und gegebenenfalls selektiert. Nur die „gesunden“ werden für eine Schwangerschaft verwendet. Auch in der Pränataldiagnostik (PND) wird so verfahren. Wenn der Verdacht einer Schädigung des Embryos besteht, wird die Schwangerschaft meistens abgebrochen, um der Mutter die Belastung eines behinderten Kindes zu ersparen. Ohne Zweifel spielen bei dieser Praxis auch ökonomische Interessen eine wichtige Rolle.

Die beschriebenen Menschenbilder nehmen behinderten Menschen ihre Würde und verhindern Integration. Als wir in Pskow vor zehn Jahren das Heilpädagogische Zentrum gründeten, hatten wir ein völlig anderes Menschenbild vor Augen: Wir wollten durch unsere Schule die Familien stärken und die Kinder fördern, vor allem aber einen Raum schaffen, in dem sie Freude, Gemeinschaft und Wertschät-

---

* Peter Singer: Praktische Ethik, Stuttgart [2]1994

zung erfahren. Sie lernen nach ihren jeweiligen Fähigkeiten und Bedürfnissen, lernen vor allem, sich selbst zu versorgen und sich im Alltag zu orientieren. Das Zentrum ist ein fröhlicher Ort. Es wird gesungen, gespielt und gefeiert. Überall ist zu spüren, dass die Betreuerinnen und Betreuer ein Herz für die Kinder haben, mit Leidenschaft und Können bei der Sache sind. Integration ist das Ziel. Dafür kann eine Sondereinrichtung nur die Voraussetzungen schaffen. Die Kinder kaufen auf dem Markt ein, besuchen Schwimmbäder und Sommercamps. Sie lernen schließlich: Wir sind geliebt und wertgeschätzt. Worin ist dieser Ansatz begründet?

II. Mitleid

Der erste Impuls einer Veränderung des Menschenbildes war Mitleid bzw. das christliche Liebesgebot (Leviticus 19,18; Matthäus 19,19). Einen besonderen Akzent setzte die Vorstellung, im leidenden Menschen begegne uns Christus (Matthäus 25,31ff).

Folgerichtig entsteht besonders im kirchlichen Kontext die Vorstellung, Menschen mit Behinderung müsse geholfen werden. Bis zum 18. Jahrhundert sind sie jedoch überwiegend auf die Solidarität ihrer Familie angewiesen. Im Beziehungsgeflecht dörflicher Strukturen werden sie noch eher geduldet als in der Stadt. Dort entstehen Toll- und Armenhäuser.

Das 19. Jahrhundert entwickelt eine medizinische Sicht. Behinderung wird als unabänderliches persönliches Schicksal angesehen, in gewissem Rahmen durch Ärzte behandelbar. Mit dem medizinischen Fortschritt erkennt man in „Geistiger Behinderung“ ein eigenständiges „Krankheitsbild“, das von psychischen Krankheiten zu unterscheiden ist.

Mitte des 19. Jahrhunderts entwickelt die Kirche Institutionen und Einrichtungen, die sich der Hilfe für Menschen mit Behinderungen widmen. Im Zusammenhang mit dieser neuen „Sympathie" werden erste pädagogische Konzepte entwickelt und die Förderfähigkeit behinderter Menschen entdeckt. Ziel ist die Anpassung an die Anforderungen der Gesellschaft (Nützlichkeit).

Parallel zu kirchlichen Einrichtungen entstehen Ende des 19. Jahrhunderts staatliche Großanstalten, die aber Menschen mit Behinderungen faktisch ausgrenzen und disziplinieren. Sicherheit und Schutz der Gesellschaft und Schutz bzw. Behandlung der Person sind gesellschaftliche Interessen.

III. Integration

Offenbar reicht Mitleid nicht aus, um die Situation behinderter Menschen nachhaltig zu verbessern. Nach dem 2. Weltkrieg ist jeder anthropologische Optimismus verflogen. Dennoch knüpft man zunächst wieder an ausgrenzende Anstaltskonzepte der Jahrhundertwende an. In Russland kommt es erst nach dem Zusammenbruch des kommunistischen Systems in den 90er Jahren zu einer Überwindung der Defektologie und ihres Menschenbildes. In Deutschland etablieren sich seit ca. 1960 neue Ansätze der Sonderpädagogik vor allem auf Grund des Engagements betroffener Eltern, die eigene Institutionen gründen und für ihre behinderten Kinder Rechte auf Förderung und Bildung erstreiten. Im Blickpunkt stehen dabei ortsnahe familienentlastende Angebote, die neue therapeutische (z.B. Krankengymnastik) und pädagogische Erkenntnisse fruchtbar machen.

Daraus folgt seit ca. 20 Jahren systematisch die Auflösung des Anstaltsbetriebs. Der Abbau von Großeinrichtungen zugunsten kleiner heimatnaher Wohnangebote hat zur Idee des individuell betreuten Wohnens und Arbeitens geführt, auch für Menschen mit einer geistigen Behinderung. Dabei werden neue Chancen der Integration entdeckt.

Relativ neu in der Fachdiskussion ist der Begriff „Community Care". Menschen mit Behinderungen sollen nicht als Objekt staatlicher, kirchlicher oder privater Hilfe angesehen werden, sondern als Subjekt der eigenen Lebensgestaltung. Jenseits von Ausgrenzung und Integration wird das Augenmerk auf die Gesellschaft gerichtet, die der Veränderung bedarf. Nicht die Menschen mit Behinderung bedürfen der „Normalisierung", sondern die Lebensverhältnisse müssen sich so normalisieren, dass Menschen mit besonderen Bedürfnissen bzw. Assistenzbedarf an ihnen teilhaben können (z.B. Bundesgleichstellungsgesetz, Forderung der Barrierefreiheit). Damit wird auch die Einbahnstraße verwandelt, in der auf der einen Seite die Helfer und auf der anderen die Hilfeempfänger stehen.

Gleichzeitig hat sich eine neue Wissenschaftsrichtung entwickelt, „Disability-Studies". Diese untersucht die Geschichte der Behinderung und der damit zusammenhängenden Menschenbilder. Das, was wir „normal" nennen, zerfällt bei näherer Untersuchung in Widersprüche. Die ständige Jagd nach Perfektion geht auf Kosten der Humanität der Gesellschaft, auf Kosten der Würde des Menschen. Kürzlich hat in Dresden die Ausstellung „Der (im-)perfekte Mensch. Vom Recht auf Unvollkommenheit" so große Resonanz gefunden, dass man von einem Zerbrechen unserer Vorstellungen vom „Normalen" oder „Perfekten" ausgehen kann.

Integration ist deshalb eine zentrale Forderung in der Arbeit mit behinderten Menschen. Wer muss dabei eigentlich wohin integriert werden? Menschen mit einer Behinderung in die vorfindliche Gesellschaft oder beide in etwas neues, eine Gesellschaft, die Heimat ist für Menschen ganz unterschiedlicher Art, eine Gesellschaft in der jeder und jede teilhaben kann an den Lebensbezügen. Integrität hat etwas mit Ehrlichkeit zu tun. Und ich frage mich: ist unser Bild vom Menschen, vom Menschen mit und ohne Behinderung, ehrlich, wahrhaftig? Integration von Kindern mit schweren und mehrfachen Behinderungen in die Gesellschaft ist nur zum Teil ein methodisches, pädagogisches oder rechtliches Problem. Sie hängt auch nicht von der Art der Behinderung ab, von medizinischen oder therapeutischen Rahmenbedingungen. Vielmehr gelingt oder scheitert Integration im Zusammenhang mit den Bildern vom Menschen, die in der Gesellschaft Geltung beanspruchen. Deshalb ist zu fragen:

Wie müssen sich unsere Menschenbilder verändern, damit Menschen mit Behinderungen

- die gleiche Würde wie jedes andere Mitglied der Gesellschaft haben
- als gleichberechtigte Mitglieder am gesellschaftlichen Leben teilhaben können und ihren Anspruch auf Bildung, Förderung und Unterstützung einlösen können.
- ihre Erfahrungen einbringen können zur Integration der Gesellschaft in die Wirklichkeit, indem Abschied genommen wird von einem inhumanen Perfektionsideal.

IV Theologische Impulse

Menschen mit Behinderungen zeichnet die gleiche Würde aus wie alle anderen. Der Begriff „Würde“ ist aber unpräzise. Als Rechtsnorm vieler Staatsverfassungen basiert sie auf der Allgemeinen Erklärung der Menschenrechte der Vereinten Nationen: „Alle Menschen sind frei und gleich an Würde und Rechten geboren." Mit Würde ist hier der unbedingte Eigenwert des Menschen gemeint, der jedem Einzelnen ohne Einschränkung zukommt. Sie ist nicht gebunden an intellektuelle und physische Fähigkeiten, nicht an kulturelle oder nationale Normen. Und aus der Würde leiten sich notwendig für alle Menschen gleiche Teilhaberechte ab.

Geistesgeschichtlich bestehen enge Zusammenhänge zwischen dem Begriff der Menschenwürde und dem der Gottebenbildlichkeit in der jüdisch-christlichen Tradition. In der hebräischen Bibel heißt es: „Gott sprach: Machen wir den Menschen in unserem Bild nach unserem Gleichnis! Sie sollen schalten über das Fischvolk des Meeres, den Vogel des Himmels, das Getier, die Erde all, und alles Gerege, das auf Erden sich regt. Gott schuf den Menschen in seinem Bilde, im Bilde Gottes schuf er ihn, männlich, weiblich schuf der sie" (Gen 1,26f, dt. Übersetzung von M.Buber/F.Rosenzweig). Aus diesem Zitat werden mehrere anthropologische Konstanten deutlich:

Gottebenbildlichkeit ist in der Geschöpflichkeit des Menschen begründet. Die Würde des Menschen ist eine unverfügbare und unverlierbare Gabe Gottes, nicht abhängig von Lebensbedingungen des Menschen, nicht zu erleisten oder zu verdienen. Man kann auch sagen: ein Geschenk.

Der Mensch ist in seinen Beziehungen Bild Gottes. Er ist ein Gemeinschaftswesen, indem er gibt und nimmt, hilft und Hilfe empfängt. Dies geschieht wechselseitig in der Wahrnehmung von Verantwortung füreinander und für die Welt.

Der Mensch ist ein Bildungswesen, Bildung hier nicht verstanden als Vermehrung von Wissen, sondern als Teilhabe am Prozess des Lebens. Paulus verwendet die Bild-Metapher christologisch, wenn er davon spricht, dass sich die Freiheit eines Christenmenschen entfaltet, indem wir „in dasselbe Bild (Christi) verwandelt werden von Herrlichkeit zu Herrlichkeit." (2Kor 3,18).

Ich möchte diese Beschreibung theologisch zuspitzen:

- Wir sind von Gott gewollt. Das heißt: Jeder einzelne Mensch hat Würde und Persönlichkeit. Behinderung ist kein Makel, kein Defizit. Leistungen sind wichtig, aber an ihnen entscheidet sich nicht, ob jemand ein sinnvolles Leben führt.

- Wir sind von Gott geliebt. Das heißt: Gott kennt keine hoffnungslosen Situationen. Behinderung ist für das Gemeinwesen eine Herausforderung, die entstehenden Belastungen solidarisch zu tragen.

- Wir sind von Gott befreit. Das heißt: Die Kriterien, die die Gesellschaft für ein „normales" Leben bereitstellt, habe keine endgültige Bedeutung.

Es ist hilfreich, in diesem Zusammenhang weitere biblische Provokationen wahrzunehmen, die zu einem veränderten Menschenbild drängen.

Einige Wundergeschichten, z.B. die „Heilung am Teich Bethesda" (Johannes 5,1-9) sehen das eigentliche Wunder nicht in der Heilung, sondern in der „Wahrnehmung" des behinderten Menschen. Ein Kranker liegt 38 Jahre lang ohne Hoffnung in Jerusalem beim Schaftor. Seine Situation ändert sich dramatisch, als Jesus ihn sieht und ihn auf seine Sehnsucht anspricht.

Andere Texte, z.B. die „Heilung des Geraseners" (Markus 5,1ff) betonen den gesellschaftlichen Kontext der Behinderung. Die Dämonen, die ihn „besetzen", heißen „Legion", ein Hinweis auf die römischen Besatzungstruppen, die die Entfaltung des Lebens behindern.

Schließlich drängt die Geschichte von der „Speisung der 5000“ (Johannes 6,1ff) dazu, nicht bei den Defiziten, sondern bei den Ressourcen anzusetzen. Angesichts des Hungers von 5000 Menschen sind fünf Brote und zwei Fische lächerlich wenig. Dennoch werden alle satt.

Barrierefreiheit, behinderungsgerechte Arbeitsplätze und Wohnbedingungen, sind nur einige Schlagworte, mit denen behinderte Menschen ihre Teilhaberechte geltend machen. Biblisch-theologisch finden diese Forderungen ihre Entsprechung im paulinischen Motiv vom Leib Christi (vgl. 1 Kor 12,26). Danach versteht er die christliche Gemeinde als eine Ergänzungsgemeinschaft, in der Geben und Nehmen selbstverständliche Funktionen des einen Leibes Christi sind. Stärke, Gesundheit und Intelligenz sind keine Vorzüge, wie Schwäche, Krankheit, und Behinderung kein Makel sind. Denn die Fähigkeit zu denken, zu handeln und zu laufen usw. gehört nicht einem allein, sondern dem ganzen Leib. Ebenso ist die Behinderung nicht nur das Problem eines einzelnen Menschen, sondern eine Herausforderung an den ganzen Leib Christi, die ganze Gesellschaft. Im Leib Christi haben alle Glieder vielfältige Gaben. Die Unterscheidung zwischen „normal“ und „unnormal“ ist dabei künstlich: denken, sprechen, laufen können ist nicht wichtiger als staunen können über Kleinigkeiten oder über die Farbe einer Blume, lachen können ohne Maß, Zuneigung zeigen können ohne Vorbehalt. Es darf im Horizont eines christlichen Menschenbildes keine Aufteilung zwischen Helfer und Hilfeempfänger geben. Die Welt, in der wir leben, ist eine Art „Patientenkollektiv“. Das schließt eine herablassende Haltung der Helfer gegenüber den Hilfsbedürftigen aus, ein mitleidiges Herrschaftsgefälle. Das Auf-

Hilfe-Angewiesensein ist ein typischer Aspekt des Menschen. Es ist deshalb die anthropologische Provokation ernst zu nehmen, die der behinderte Theologe Ulrich Bach formuliert: Ich bin ein von Gott so (!) gewolltes Geschöpf (Ex 4,10-12)![*]

„Wahrnehmung", „gesellschaftlicher Kontext" und „Ressourcenorientierung" und „Teilhabe" sind wichtige Impulse für unsere Arbeit und für die Veränderung des Menschenbildes.

V. Etwas neues, das wir noch nicht kennen

Der Integrationsbegiff ist deshalb wechselseitig zu verstehen. Nicht (allein) Menschen mit Behinderungen bedürfen der Veränderung und des Lernens, sondern die Gesellschaft, in der sie leben. Dazu können sie selbst einen wichtigen Beitrag leisten. In christlicher Perspektive ist jeder Mensch auf Hilfe angewiesen, ein imperfektes Wesen. Er kann sich nicht am eigenen Schopfe aus dem Sumpf ziehen. Deshalb gibt es „kein Stehen, nur ein Getragenwerden" (F. Rosenzweig). Das heimliche Lebensmotto „Hast du was, bist du was; kannst du was, bist du was; weißt du was, bist du was" begründet einen Autonomiebegriff, der sich als wirklichkeitsfern und lebensfeindlich erweist. Im biblischen Horizont ist deutlich, dass niemand seinem Dasein aus eigener Kraft Sinn verschaffen kann, dass menschliche Würde nicht in seinen Leistungen ruht. Theologisch heißt das: Jeder ist auf die Liebe Gottes und auf seine Gnade angewiesen. Jeder ist darauf angewiesen, dass Menschen sich von Gott das Bild Christi vor Augen halten lassen, sich in dieses Bild verwandeln lassen und die Liebe, die sich darin zeigt, erproben.

---

[*] Vgl. Ulrich Bach: Der behinderte Mensch als Thema der Theologie, in: Jürgen Moltmann: Diakonie im Horizont des Reiches Gottes, Neukirchen-Vluyn, 1984

Vor vierhundert Jahren hat der englische Dichter und Prediger John Donne den einprägsamen Satz formuliert: „No man is an island“, kein Mensch ist eine Insel.* Menschsein heißt „In-Beziehung-Sein“. Wir sind weder autark noch autonom. Wir sind eingebunden in lokale und globale Zusammenhänge, ein Netz, das uns tragen kann, das uns aber auch verwundbar macht. Nicht aus den Fähigkeiten des Menschen resultiert seine Würde, die ihm mit der Gottebenbildlichkeit zugesprochen wird, sondern aus der Bejahung, die von Anfang an für jedes Leben gilt. Eine Gesellschaft, die dieses Menschenbild lebt, wird in etwas Neues integriert, das wir noch nicht kennen.

---

* Ich verdanke diese Erinnerung Wilfried Härle anläßlich der EKD-Synode 2002.

NACHWORT

Lieber Klaus,

als du im Dezember 2003 dein Vorhaben mitteiltest, mit einem kleinen deutsch-russischen Freundeskreis von Wassenberg nach Pskow zu radeln, um für das dortige HPZ Projekt der Ev. Kirchengemeinde in der Behindertenförderung zu werben, wusste ich: diese Idee birgt für mich als Jugendleiterin die besondere Chance, Kindern u. Jugendlichen, die an den Freizeitangeboten unseres Zentrums teilnehmen, einen bedeutsamen Ausschnitt der Lebenswelt unserer Kirchengemeinde nahe zu bringen.

Nun ja, du kennst die Besuchergruppen des Campanushauses, die Kinder aus Wassenberg, die die Probleme der dicht besiedelten Wohngegenden unserer Stadt zu bewältigen haben, die der abgelegenen Asylbewerberunterkunft, die Kinder mit Behinderungen und unsere Jugendteamer, die die Arbeit und Organisationsabläufe aller Freizeitangebote mit tragen und gestalten. In der Öffentlichkeit werden viele junge Leute als bindungsgestört, verroht, verwahrlost, nur im geringen Maße bildungsfähig oder als nicht beschulbar wahrgenommen.

Die Stärken dieser heranwachsenden Menschen, nämlich ihre Sehnsucht nach Liebe, ihre Fähigkeit, Freude zu empfangen und auch selbst zu verbreiten, geraten dabei allzu sehr in Vergessenheit. Doch eben diese Stärken konnte ich im Verlaufe der Aktion „Rückenwind" wieder neu entdecken.

An dieser Stelle möchte ich dir von den kleinen Ereignissen, die du im Einzelnen nicht miterleben konntest, erzählen.

Im Jugendteam planten wir ab Februar 2004 die Einbindung aller Besuchergruppen des Hauses in die Grundanliegen der Radreise. Es folgten Informationstreffen zum Thema „Heilpädagogisches Zentrum Pskow“; wir schauten Bild- und Filmmaterial über die Gründung und die Entwicklung des Zentrums in Russland an.

Die Teamer benötigten einige Zeit, um ihre Betroffenheit über die unterschiedlichen Menschenbilder und über den Wert eines Menschen zu verarbeiten. In diesem Zusammenhang wurde ihnen bewusst, welch ein besonderes Projekt das HPZ darstellt. Es ist von einem christlichen Menschenbild geprägt, und alle Beteiligten in Russland und Deutschland können stolz darauf sein.

Als Nächstes beschlossen wir, mit dem Jugendteam den Starttag eurer Radgruppe mit zu gestalten, euch mit vielen Kindern und Jugendlichen eine Wegstrecke zu begleiten und nach einem gemeinsamen Picknick zu verabschieden.

Ab April 2004 weckten ein Trimmrad im Eingangsbereich des Campanushauses, Infoplakate zum HPZ sowie zur Reiseidee die Neugierde unserer Besucher .Wir erzählten ihnen vom Projekt und von der geplanten Reise. Du kannst dir nicht vorstellen, wie viele Kinder in die Pedalen des Trimmrades stiegen, Fragen stellten und Antworten erhielten! Täglich fragten die Kinder nach den Leuten, die nach Russland zu radeln gedachten, dem Stand der Reisepläne, dem Training und vor allen Dingen danach, wie viele Kinder, Jugendliche, Eltern des Campanushauses und unserer Gemeinde am Startgeleit teilnehmen wollten.

Der Verlauf eures Starts ist ja bekannt. Der gut besuchte, stimmungsvolle Aussendungsgottesdienst, die Glückssymbole für die Kerngruppe, überreicht durch das Jugendteam, die mit Hingabe geschmückten Räder der Kinder und Jugendlichen, das liebevoll arrangierte Picknick - ja die begeisterte Atmosphäre. Wir waren so stolz auf euch und auch auf uns!

Wie du weißt, ging es mit uns weiter ...

Das Jugendteam, 15 Jugendliche im Alter von 13-20 Jahren, Jugendpfarrer Thomas Bergfeld und ich planten eine solidarische Begleittour eurer Gruppe von Goslar bis Berlin. Hierzu mussten die jungen Leute darauf vorbereitet werden, an die Grenze ihrer Belastungsfähigkeit gehen, aufeinander acht zu geben, tolerant zu sein. Lieber Klaus, selten erlebte ich so eine wunderbare Dynamik und ehrliche Auseinandersetzung innerhalb einer Jugendgruppe.

In den Vorbesprechungen behandelten wir Grundfragen wie z.B.: Welche Beweggründe veranlassen mich zu dieser Begleittour? Mit welchen Unwägbarkeiten, Pannen muss ich rechnen und umgehen? Wie reagiere ich in Belastungssituationen? Was tut mir dann gut, was erlebe ich als hinderlich? Schaffe ich es mir vorzunehmen, rücksichtsvoll zu sein und die Kerngruppe, die schließlich noch bis Pskow reisen wird nicht unnötig zu belasten? Ich erarbeitete mit den Jugendlichen, auf welche persönlichen und Gruppenressourcen sie in Belastungssituationen zurückgreifen würden Ein wertvoller Prozess!

Zudem stand noch eine zentrale Frage im Raum: Wie gehen wir mit David um, einem treuen Besucher unseres Hauses, der auf meinen und seinen Wunsch hin mitfahren sollte? David, 16 Jahre alt, mit einer geistigen Behinderung, der nicht spricht und dennoch nicht „sprachlos“ ist. Ein Junge, der in seinem Leben lernte, sich auf kreative und bewundernswerte Art und Weise über Laute, Mimik und Gestik mitzuteilen. Sein besonderer Charakterzug liegt darin, freundlich, liebenswürdig, hilfsbereit tatkräftig und begeistert an unseren Freizeitangeboten mitzuwirken. David bereichert stets unser Jugendzentrum!

Ach Klaus, zu dieser Frage entwickelten sich rührende Gesprächsszenen: Was wissen die Jugendteamer wirklich von David, was mögen sie an diesem Jungen, was fällt ihnen im Kontakt schwer? Woran erkennen die Teamer ob es David gut oder schlecht geht, wann er Ruhe, Abstand benötigt, wann er überfordert erscheint bzw. wie er auf Stress reagiert? Welche Teamer können sich vorstellten, während der Begleittour abwechselnd Ansprechpartner für David zu sein? Und wenn David etwas zustößt? Was dann? Zu all diesen Fragen fanden wir Haltungen und somit Antworten. Der Reisewille und die damit verbundene Verantwortung ließ die Jugendlichen innerlich wachsen.

Am 21. Juli 2004 holten wir euch mit dem Zug in Goslar ein. Für David die erste Zugfahrt seines Lebens! Am Erkelenzer Bahnhof händigte ich allen Teilnehmern ein „Quengeltuch" aus - zur Erinnerung an die Absprache - die Kerngruppe nicht zu belasten, sondern gegebenenfalls ins Tuch, bei der Teamergruppe oder Herrn Bergfeld und mir zu „quengeln."

Den Verlauf der gemeinsamen Radstrecke erlebtest du selbst. Großartige, rücksichtsvolle, freundliche, hilfsbereite engagierte Jugendliche, die voller Bewunderung für euch und euer Vorhaben waren. Und das auf den heftigen Radwegen und Steigungen des Harzes, in den zum Teil behelfsmäßigen Unterkünften, die allen viel Rücksichtnahme und Geduld abverlangten! Die Mädchen und Jungen erzählten mir allabendlich von ihren Raderlebnissen mit euch in den Kleingruppen. Es tat ihnen so gut, euer Lob hinsichtlich ihrer Ausdauer und Leistungen aber auch der gegenseitigen Rücksichtnahme zu erhalten! Natürlich „quengelten" sie manchmal über die körperlichen Anstrengungen. Wichtiger war jedoch ihr Stolz darüber, dabei sein zu dürfen, eure Idee zu begleiten, und dieses Gefühl entschädigte sie für manche Strapazen.

Und David … In den ersten zwei Tagen war er noch auf mich fixiert, schlief neben mir, verursachte, Nähe suchend, meinen ersten Sturz in Goslar. Jedoch erfasste er schnell die Regeln des Radfahrens, wurde selbstständiger, indem er zu jedem von euch Kontakte knüpfte und eine ausgeprägte Freude an der Unternehmung zeigte.

Und dann der beeindruckende Gottesdienst im Berliner Dom! Hast du dich nicht ebenfalls gewundert, wie überzeugend und souverän die Jugendlichen ihre Fürbitten formulierten?

Kein Wunder: am Tage der Verabschiedung flossen einige Tränen. Die jungen Leute formulierten deutlich ihr Resümee: „Eine unvergessliche Woche! Wir wollen das Projekt weiter unterstützen und daran mitwirken!"

Nach Erkelenz zurückgekehrt erfolgte im Campanushaus eine Ferienspielwoche zum Thema „Kinder für Kinder Wassenberg – Pskow", von den radelnden Jugendteamern aktiv mitgestaltet.

Die Ferienspielkinder, 30 Kinder im Alter von 7 bis 12 Jahren, bildeten drei Gruppen zu den Themen Liebe, Freundschaft und Freude, entscheidende Säulen, die das Projekt in Russland tragen. Wir erzählten den Teilnehmern, dass diese Arbeit vor über 10 Jahren aus menschlicher Liebe entstand und im Laufe der Zusammenarbeit sich wunderbare Freundschaften entwickelten.

Die Wassenberger Kinder, stellten für die Kinder des HPZ ein riesiges Geschenkpaket her, füllten es im Laufe der Woche mit Freundschaftsdosen, Schmuck und Schlüsselanhängern, sowie bunten Blumenübertöpfen und Teelichtergläsern für die einzelnen Klassenzimmer der Einrichtung. Neben diesem kreativen Einsatz erfuhren sie Geschichten über die Stadt Pskow und über die russischen Kinder, die mit unterschiedlichsten Behinderungen das HPZ besuchen und dort individuelle Förderung erfahren.

Unsere Jugendteamer berichteten den Kindern von der Begleittour und verfolgten mit ihnen täglich auf einer riesigen Wandkarte den aktuellen Standort eurer Radgruppe. Bei einer gemeinsamen Nachtwanderung zum Gondelweiher in Wassenberg setzten alle Ferienspielbesucher Freundschaftslichter mit stillen Wünschen für die Schüler und Schülerinnen des HPZ in den See. Diese Geste erzeugte eine besinnliche nächtliche Stimmung!

Die Woche endete mit einem Gottesdienst mit Jugendpfarrer Thomas Bergfeld. Die Kinder präsentierten ihren Eltern das Riesengeschenkpaket und ihre Wünsche und Bitten für die Kinder in Russland.

Lieber Klaus, ich musste dir von den für mich unvergesslichen Details schreiben. Ich bin so glücklich über die gelungene Einbindung zahlreicher Kinder und Jugendlicher unserer Kirchengemeinde in das Diakonie-Projekt. In diesem Sommer geschah etwas Besonderes: Viele Menschen – Jung und Alt - Jugendliche, Pfarrer, Presbyter, Mitarbeitende, engagierte Menschen von nah und fern, tauschten teilten nahezu drei Monate lang ihre Erfahrungen, Fragen und Antworten miteinander aus, bildeten eine Gemeinschaft, um die Idee des Diakonie-Projektes in Pskow zu unterstützen. Für diese Sommererfahrung, für dieses Erlebnis erfolgreicher Gemeindearbeit bin ich sehr, sehr dankbar.

Liebe Grüße

Barbara

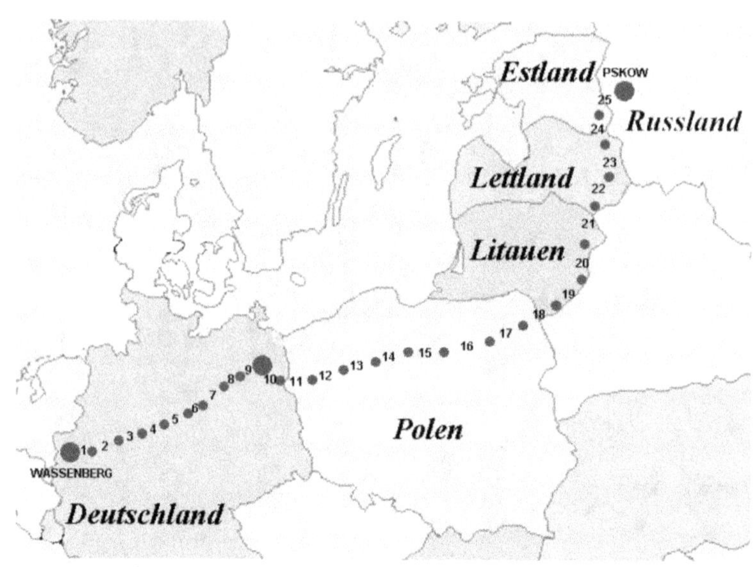
Estland
PSKOW
Russland
Lettland
Litauen
Polen
WASSENBERG
Deutschland
1
2
3
4
5
6
7
8
9
10
11
12
13
14
15
16
17
18
19
20
21
22
23
24
25

www.ingramcontent.com/pod-product-compliance
Lightning Source LLC
Chambersburg PA
CBHW051839250726
48659CB00005B/1924

* 9 7 8 3 7 4 4 8 1 8 3 0 8 *